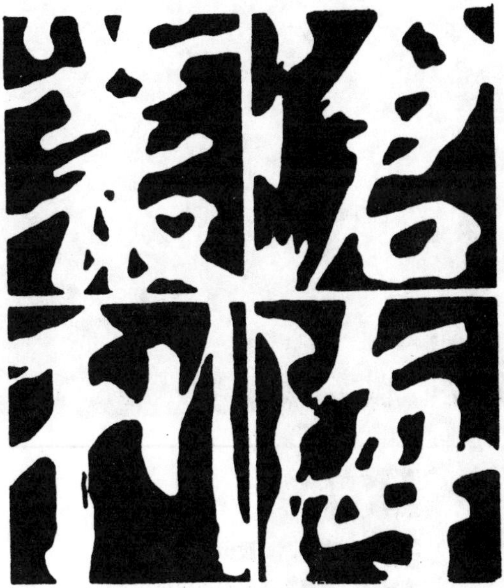

希臘哲學趣談

鄔昆如 著

東大圖書公司 印行

©希臘哲學趣談

著　者　鄔昆如
發行人　劉仲文
著作財產權人　東大圖書股份有限公司
總經銷　三民書局股份有限公司
印刷所　東大圖書股份有限公司
復興店／臺北市復興北路三八六號六樓
重慶店／臺北市重慶南路一段六十一號
郵　撥／〇一〇七一七五──〇號
初　版　中華民國
四　版　中華民國
編　號　E 14006
基本定價
行政院新聞局登記證局版臺業字第〇一九七號
著作權執照臺內

ISBN 957-19-0307-8（平裝）

希臘哲學趣談
編號 E 14006
東大圖書公司

希臘哲學趣談　目錄

第二部份 哲學全盛時期

前　言

「哲學」（Philo－Sophia）一詞本來最早發源在希臘。而它的字義表面的意思，是指出人類在愛智慧。因此「哲學」這名詞，眞正翻譯成中文的話，是「愛智」。「愛智」究竟是什麼呢？希臘最早的哲學定義，說是「用一切去衡量一切」。這種「用一切去衡量一切」的哲學定義，影響了西洋兩千多年；直至現在仍然沒有改變，而且甚至也不會改變。

人之所以爲人，就是由於他在這個世界上，高於其它的存在。高於石頭，高於樹木，高於禽獸……，爲什麼人類會高於這麼些東西呢？那是由於人會思想，人有使自己更爲進步的思想。但是，我們說，雖然大家都是人，可是由於每一個人的天份不同，或者由於他的環境不同，也就會發展出各種不同的思想。因此，在哲學的領域中，發展了好幾種不同的體系。一種民族具有他們自己民族的哲學，每一個人也有他自己的個別哲學。

西洋的哲學源自希臘，希臘哲學眞正發展了西方人類對智慧探討的一門學問。希臘的時代，所有學者所談論的問題，不外乎宇宙與人生的問題。如此，西洋哲學的內容，直到今日爲止，都還局限在宇宙和人生的問題裏。

人類在對宇宙的探討，由於他會仰觀天象，俯察地理，他也就在這種與生俱來的仰觀俯察的行爲之中，發現了自己在宇宙中的地位。然後，人類還會再想辦法超越自己的現狀，而使自己的存在得以昇高一層。也就是說，從自己的現實，走向自己的理想層面。把自己的生活，從平凡的層面走向理想的層面。因爲人類總在想辦法超越自己環境的現實，而走向自己心目中的理想，他就成爲「智慧人」（Homo-Sapiens）。

可是，由於這個「智慧人」，能夠利用智慧去征服世界，而征服世界的過程中，他會發明「工具」，他會利用「工具」。因此，人類就成了所謂的「工匠人」（Homo-faber）。這個「工匠人」開始的時候，也許只會用手去釘一根木柱，慢慢地發展到，利用石頭來代替自己的拳頭，甚至慢慢地在這石頭上，綁上一根棍子，而在綁石塊的另一端上，用力敲擊，力就更大了。槓桿原理的發現和發展，原就是人類在發明工具歷史的見證。工具的發展也就保證了人類可以征服這個世界。利用世界本身的資源，使得人類的生活日益發展，更形進步與舒適。

人類之所以爲人類，之所以高於禽獸，因爲他會發明工具去征服世界，利用這個世界的資源，便得自己不單單是適應環境，而是去克服環境、創造環境。就在人性能夠看準了自己的「能力」，傾盡全力去發揮的時候，同時也會意識到自己的「極限」。這就是在仰觀俯察之後的「反求諸己」工夫。這麼一來，人性就漸漸地開始反省自己的存在，反省自己的極限。覺悟到自己在生活中有那些必需檢點，如何能使自己的生活過得更好。這種從「能力」的發現到「極限」的體驗的發展，使人性由「知識論」的階層漸漸地走向了「倫理道德」的領域。

從「知識論」走向「倫理學」，其中必需經過的一環，就是所謂的「形上學」。「形上學」的意義，是要給予人類一種證據，一種證明，去解釋人類「爲什麼」在這個世界上，在這個宇宙中能夠頂天立地？如何能夠繼往開來？如何能夠爲自己創造幸福？如何能夠爲自己創造更美好的未來？

希臘哲學在今天，所留給我們的，不只是思想而已；而且如今西方的各種文字，尤其是科學的名詞，絕大多數是由希臘文而來。例如「原子」Atom，「相片」Photos，「電話」Telephon，「節目」Programm……都是淵源於希臘文。特別是大學中各種學問的名稱，也都是來自希臘文，例如「哲學」Philosophia、「天文」Astronomia、「化學」Chemie、「物理」Physica……等等，都是由希臘文演化而成的。這些古老的名詞，早在希臘時代，西元前五、六世紀時，已經發展成了。

就在希臘紀元前六世紀的時候，他們已經發展了幾乎囊括了我們目前所有的哲學問題。只是他們問的方法比較膚淺而已，他們提出的答案比較傭俗而已。可是，他們畢竟提出了宇宙的問題，或是人生的問題。而且，在人生的問題上，可能是今生或是死後的問題。以上的這些問題，他們都曾經提出過，而且也曾經深入地探討過，並且或多或少地也提出了答案。

這些答案，就今日看來，也許不是一個很好的答案，但是爲當時確是足夠的，足以滿足當時的學者們，當時百姓們的求知慾。我們研究「希臘哲學」的思想，目的不是在尋獲他們的答案，最主要的是，要觀察當時的希臘人，他們在生活中發現了什麼問題。他們在當時的社會以及當時的政治背景下面，如何找到了自身的存在，他們又如何把自身安置在宇宙當中，如何安置在世界的具體生活裏面，如何使得自己安身立命。然後亦可知道，他們在這些問題裏面，找出了那些方法，去解決自身的問題。

這麼一來，我們在研究西方的哲學中，主要的是要學到他們的「方法」，他們所提出來的「答案」，還是次要的。

我們要探討希臘哲學，還有一點必需要特別注意的，就是在當時希臘的社會以及政治的背景。當時的希臘是以「奧林匹克」(Olympia)爲時空的中心。奧林匹克本來是雅典旁邊的一座山，這一座山每四年舉行一次祭神的大會，所謂的祭祀大典有如臺灣高山族的豐年祭；豐年祭的意義是所有百姓在萬物收穫之後謝謝神明的恩賜。希臘的地形是一個半島，希臘的政治是屬於帝國和殖民的政治。所有的殖民地是希臘的一些海島，這些海島上居民的生活大多數靠捕魚經商爲生，而捕魚和經商都以雅典爲中心；所以當這些漁民和商賈到了雅典之後，販售了他們自已的貨物再買到自己的必需品之後，在等待着船隻返航之前，他們都在這座奧林匹克山上，謝謝神明的恩賜。

同時更主要的，我們可以從「奧林匹克」爲中心這個事件裏，看出一點，就是他們在豐年祭之後，都有一競技的機會。這個競技的機會演變至今，成了「奧林匹克世運」。而這個奧林匹克，它所表現的是什麼呢？竟然是我們文化後面最主要的東西，就是「競爭」。

「競爭」是西洋白種人的特性，這種特殊的性格早就在奧林匹克運動會裏面表露無遺。因爲在奧林匹克運動會上，所有與會之人，是去「競爭」，不是去學習「禮讓」。就在這種競爭的場合中，表現了他們對「能力」的嚮往。因此希臘哲學最早的時期，學者們所最注重的是，人的能力問題，而不注重人有什麼東西有所不能，人的那些極限。這樣希臘哲學最早的發展，是跟隨着西方白種人早期特有的民族性——「競爭」而來。「競爭」是想辦法配合人與生俱來的能力去征服這個世界。並且，還要跟自己的同類競爭，因爲海島的民族，他們在捕魚的操作或經商的工作中，總是和他人「競爭」，不可能有「禮讓」的文化誕生。

同時也就在這個「競爭」的文化體系中，產生出許多勝利者和失敗者的對立。在政治的形態上，勝利者就變成了主人，失敗者就變成了奴隸。因此，這種政治的形態影響了社會的形態，使得在社會裏面，有主人和奴隸之分，主人是自由的，他們要做什麼，就可以做什麼，奴隸則應該事事爲主人的命令是從。主人喜歡他，可以用他，不喜歡他，則可以帶到市場賣掉他；這種販賣奴隸的社會情形，使得有許多先知先覺之士挺身而出，用種種的方法，說明人性，說明人與人之間是平等的，說明人生存在這個世界之上，應該互助合作，而不是奴役他人，這就是人類的「智慧」、這工作就是「愛智」，「愛智」也就是哲學的誕生。

以上說明了「奧林匹克」是早期希臘的「空間中心」。至於「奧林匹克」亦是「時間的中心」，就可在歷史的紀年上完全看出。在今天，我們說蘇格拉底在紀元前三九九年被處死，可是，我們想像得到，希臘人怎麼會曉得耶穌什麼時候降生？怎麼知道蘇格拉底死後三九九年，基督就會降世？原來，希臘人的紀年也是用「奧林匹克」；蘇格拉底是在第九十五屆奧林匹克的第一年被判刑而死。

希臘的哲學固然可以看成是由這種不公平的社會結構中產生出來的。但是，它中間還經過了一個很主要的媒介，就是神話的系統。希臘有很健全的神話系統，神話系統的誕生可以說是很簡單的，但是在追尋它的源頭的時候，也會感到有點辣手。所謂的簡單是什麼呢？也就是在奧林匹克運動會裏面，有一個人跑得比他人都要來得快，他擲的標槍比他人遠，就有人家想盡辦法去解釋這種現象。他們怎麼能解釋這種現象呢？於是只好說，這位仁兄的媽媽和神發生了不可告人的關係而生下了他，所以雖然這個人肉體看來是個「人」，其實他的精神是「神」。這麼一來，他有神的力量，他跑得比他人快，根本用不着奇怪，他擲標槍擲得比他人遠，也不用覺得奇怪。

這種說法可以說是滿足了人類的好奇心，把這種說法集成一册就成了神話一書。可是，我們說神話的系統追溯起來很困難，那又是爲什麼呢？因爲你總得爲神話的後面講出一些理由，爲什麼這位運動家的媽媽會和神發生關係呢？這麼一來，你又得說明爲什麼那位神在天庭中受天神懲罰，來到世上受苦受難？那麼神如何降凡到世間來受苦呢？這又是一個新的問題，又得用更上一層的神話系統來說明，重重複重重，如此希臘發展的神話系統至少在當時的奴隸制度之下，是有系統的，它們有很高深的學問。至少目前所能得到的一些資料中，希臘神話的系統是完美的，這個完美的系統就慢慢導引出哲學。

神話可以看做是大衆的信仰，因爲大家都這樣相信。哲學跟神話就有些不同，哲學的誕生不是大家都這麼相信或是大家都這麼說，而是有一先知先覺之士，他不用神話的權威，而是用他自己的思想，去發現一個問題，去解決某一問題，爲自己、爲人類、爲世界找尋一個安身立命的理由。所以，在希臘的神話系統過去以後，哲學慢慢地誕生了。因爲神話早就有一完美的體系，哲學則才剛開始；所以在早期的哲學中，它的系統似乎沒有神話的系統那麼完整，可是如果我們站在「獨立思考」的這個原則上去看的話，神話畢竟還是神話，哲學才是眞正的哲學。

因爲西方有了這麼些思想的淵源，我們要談希臘哲學的時候，就很簡單地分成兩部份，第一部份我們談哲學的前期，另一部份我們講哲學的全盛時期。在哲學的前期裏，我們談神話系統，繼神話系統之後，我們談最早期的一些哲學問題，也談最早期的哲學家，他們對這些問題所持的態度，並且如何去解答這些問題。在第二部份裏，我們談希臘的黃金時代。希臘的黃金時代，衆所週知，它出了三位大哲學家——蘇格拉底，柏拉圖以及亞里士多德。這三位大師可以說是把希臘哲學推向了高峯，造成希臘思想的黃金時代。

這三位大師都是討論宇宙和人生的問題，而在人生的問題上，特別著重人的前世、今生和來世三種層次。這麼一來，希臘哲學所討論的問題，當然也就不限定於知識的問題，而同時涉獵倫理、藝術的問題，甚至宗教的問題，乃至於整體人生的問題。希臘哲學因爲是由神話系統演進而成的，而神話的系統是從社會的形態裏走出來的，所以社會是哲學內最後問題的重心，而神話能爲哲學提出解答。希臘的哲學中，如果某一哲學家不能解決某一問題之時，人人都會回到神話的系統中，向神話系統討教。因此我們不會感到奇怪，當我們唸到柏拉圖的著作之時，總會覺得充滿了神話的系統。

在廿世紀，七十年代裏面，哲學碰到了問題，有時會向科學討教，因爲我們這個時代是屬於科學的時代；可是在當時的希臘，却是屬於神話的時代，哲學有不清楚的地方，總向神話請教，所以哲學充滿了神話的色彩。

「神話是大衆的信仰」，這句話的意思也就是說，是大衆全體的一種產品結晶；這種產品所注重的是，人類最先用感官去觀察這個世界，在感官遇到了極限，有不懂的地方，就用思想；這種思想不是站在自己是否能夠明瞭的立場，而是站在能夠解答問題的立場。這麼一來，人類所用的思想，却是走出了思想，而走向了信仰的階段。如此，就羣體的哲學看來，它是從感官走向了思想，再從思想走向信仰。只就這種思想的境界看來，就是神話。這種神話的發源地，就是奧林匹克運動會。另一方面，我們說眞正的哲學是個人的獨立思考，這個人的獨立思考，起初也是人面對着這個世界，「仰觀天象，俯察地理」的一種經驗中，謀求一種常識，從這個常識得到知識，再而利用這個知識轉換成智慧，所以哲學的產生是由經驗到常識，由常識到知識，從知識到智慧。

如果我們把剛才屬於神話體系的感官，思想和信仰，以及屬於哲學體系的經驗、常識、知識、智慧拿來並排比較的話，我們就可以發現希臘哲學，究竟具有那些特性？這些特性不單是爲了人生活的必需，而且也爲了人生活的享受。一個人能夠顧及到自己生存的必需條件，又能夠顧及到自己的生活享受，他的人生就充滿了意義，以及充滿了多彩多姿的生活方式。

單是從神話的產生方面而言，生活的必需，即是指的他們的航海捕魚，經商販賣的生活方式；他們要認識宇宙的存在以及變化的法則；捕魚的人應知道什麼時候有颱風，什麼時候漲潮退潮；當他們從這些經驗中，慢慢地抽象出一些知識，慢慢地利用這些知識，才算眞正地脫離神話的束縛，而走向了哲學。就生活的娛樂來講，他們參加了奧林匹克運動會，去觀察那些參加比賽的人所得到的一些經驗，從這些經驗中，去解釋那些人爲什麼會得到勝利，那些人爲什麼會敗北；當他們的理性不能夠解決思想的時候，只好聽從大家的傳說，這就是神話。而關於人生的娛樂方面，通常來講，是無法脫離神話的束縛的，因爲無法完全從自己的經驗中去解釋自己的生活的理由。

在希臘最早的時期，神話和哲學慢慢地一齊成長，最後哲學才代替了神話。哲學一旦代替了神話，它獨立思考的特性就慢慢地顯現出來了。

第一部份　哲學前期

這裏所說的「哲學前期」，並不是說這一時期沒有哲學，或者哲學在那時尚未開始發展；而是指的，哲學思想表現的方法還沒有系統化；而且，這一期的哲學思考成果，尤其是記載於文字上的，都因了書寫工具的原始，而無法有系統地保留下來。直至本世紀中葉，才有學者從羊皮的斷片中，收集了一些眞蹟，加上歷史記載的一些間接資料，我們就有了足夠編寫這期哲學思想的藍本。

「哲學前期」的思想，雖然沒有很完整的體系，同時第一手資料也斷斷續續，但是，站在後起的哲學家思想中，去看前人的思想時，總會發覺「哲學」這種東西固然主要的看重「獨立思考」，但是，前人的影響和提示總是大有幫助，而且因此亦有思考的歷史線索可尋。筆者就借著這些「哲學問題」的線索，試把蘇格拉底以前的一些哲學家的思想，用體系的方式，把他們歸類，而分成五章來敍述：

第一章討論神話時代的思想方法。在這一章裡，讀者不必斤斤計較神話對人生的諸種問題，提出了什麼答案，而應當加以注意的，則是「問題的發現」，以及「解答問題的方法」；因爲「問題」與「方法」才眞正能促使哲學誕生的因素。

第二章講論「太初」問題的探討。這期表面上開始用人的「獨立思考」去考察事物，而擯棄了「神話」的解釋；但是，若站在「問題」與「方法」的立場看來，哲學還是停留在非常原始的狀態中。不過，在對「宇宙」和對「人生」的問題上，的確有超出神話的地方，那就是「自己負責」，不再把思言行爲的責任，往別人身上推；也不往神明身上推。

第三章講「動」與「靜」的觀察，是人性對物性的興趣又濃厚了一點，而且開始了「抽象作用」的運用，以及作了初步的「辯證」方法，以及深思冥想的開端。

第四章中論「唯心」與「唯物」之爭。這種對立是西洋哲學的老問題，在哲學前期中雖沒有系統的大辯論，可也指出了各學派相互之間排斥的情形。

第五章提出唯心論的極端發展。當然，這裡說的唯心論並不同於當代的唯心論；而是在當時原始唯物論被辯倒了之後，勝者的一方在「思考」的方面佔了很大的優勢，於是催生了詭辯派；後者以雄辯的形式，誤認爲是人生的內容，而把哲學開始的慧命摧殘了。

就在哲學危機中，希臘出現了一位哲學家蘇格拉底，他用系統的方式，在街頭逢人便辯論「

知」的問題，後來又在死前，用「行」的實踐，補了「知」的不足。

「哲學前期」的意義就在於預先把各種哲學問題，以及各種哲學概念，各別地加以探討，以備在哲學全盛時期中應用，也好讓我們在讀到柏拉圖或亞里士多德原著時，知道他們在「史的發展」中，所提出的那些問題，究竟是那一位先哲所提出，並且亦可預知那解決問題的方法，是否脫離了神話的束縛，或者，解脫到什麼程度。

「哲學前期」中還有一點是必需預先注意到的，那就是哲學的整體性問題。通常，哲學前期中諸子，多數是要解決一個問題時，由於太專心、太注意了，而無意間忽略了其它問題，甚至忽略了更重大的問題。而這些毛病和困難，在後來的哲學全盛時期中，是找不到的。零星問題的探討，以及各別問題的答案，就是「哲學前期」的特性。

現就請分章來討論此期的思想：

第一章　神話時代

神話的時代可以分成兩部份，一部份是希臘本土的東西。希臘的本土具有一種系統的神話，這系統的神話是要說明人在世界上爲什麼有罪惡。希臘人把世界上的罪惡都歸屬到墮落的神明身上；因爲他們覺得人性是完美的，爲什麼人在這個世界上會產生罪惡的現象呢？他們只好說有一些神明，他們在天庭上做錯了事情，大神把他們遣下這個世間受苦受難。這些習慣做惡的神明，到了凡間，依舊惡性難改，依然和往昔一般，在人間爭風吃醋、作惡多端。希臘的神話還是以人做中心，把神明看成是人類墮落的一個理由。

第二部份我們要提的是由東方傳進來的神話系統。東方的神話系統與東方人的習性相彷彿，著重「行」的問題，不太注重「知」的問題，這種「行」的神話系統傳進了希臘以後，使得整個希臘神話體系的建構更趨完美。

第一節　荷馬（Homeros）

影響希臘哲學前期最多的神話體系應該算是荷馬神話體系。荷馬神話的體系固然討論神明的來源，討論宇宙的起源，但是最後還是歸結到人類生存的問題。

人類生存的問題，主要的是人與人之間的關係。在荷馬的詩篇中，人性固然遭遇到許多不幸的事情，但是他總能夠行使自己的自由意志，去行善避惡。當很多神明由天上剛剛降凡之時，由於他們把在天庭上作惡的習慣帶到塵世中，人類的社會就開始不安寧，起了混亂。這種混亂的情形，荷馬以詩篇用希臘文字描述了這些混亂的情形。他描述的目的，是希望人類靠着意志能力，理知的引導，能夠使自己過一個眞善美的生活。

所以，荷馬詩篇中的神話，最主要的目的，乃是爲了尋找人類更完美的生活，而其中所描述的背景也不過是給人類一種機會，使得人類能夠爲自己的前程開拓出一條康莊大道。在以人爲中心的前提之下，荷馬詩篇所涉及的問題很廣，比方說生命的短暫，罪惡的源流以及作惡以後的責任，偶然和必然，死後的生命延續等等問題都在討論之列。這些問題在荷馬詩篇之下，都是以神話方式表出，而有的時候要寫出人的命定和自由之爭，要說明人的裏面而有善、惡二元在那裏競爭。有的時候要寫明神明和人類在這個世界上爭風吃醋、爭權奪利的情況。

這麼一來，荷馬所寫的內容雖然屬於神話，但是在神話的後面却隱藏了哲學的思想，這種思想是說明人具有自由，能夠認識善惡，也能夠選擇善與惡做自己生命的倫理規範。所以荷馬著作內的內容雖然是神話、幻想，但是系統却是屬於哲學，尤其所提出的問題是哲學性的，他解答的方式也是哲學解答的方式。

第二節　嚇西奧（Hesiodos）

這嚇西奧在希臘的神話系統中，我們並非十分熟悉，可是因爲它所遺留下的問題比荷馬詩篇中更積極，更屬於哲學的根本問題，那就是宇宙的起源以及神明起源的問題。荷馬可以說解決了人生罪惡問題的根本，認爲所有的罪惡是神明從天上帶下來的。嚇西奧要把神的起源問題，人類的起源問題以及宇宙的起源問題合併討論。他覺得如果我們能夠找出神的起源，人類的起源以及宇宙的起源的話，我們就更能夠瞭解爲什麼在這個世界上，在人生過程中有善與惡的問題。

嚇西奧總以爲神和人的來源都是一樣，他們都起於海洋。以爲「水」才是諸神的發祥地；以爲在這個地球上，除了「水」之外，整個的宇宙是混沌的。這混沌的宇宙，由於自身愛與恨的力量才形成了如今具有秩序的天地萬物；就在這天地當中，所有萬物都是有序的，它們都是善良的，然後由於壞的神明的降凡，使得這有秩序的宇宙起了變化，在宇宙間沒有秩序，就是所謂的天災，在人性中不好的，就是人禍、罪惡。

這麼一來，嚇西奧和荷馬的系統就有所聯繫了。他不但解決了宇宙和人生起源的問題，同時也解決了人生內在的罪惡的問題。

第三節 奧而菲（Orpheus）

上面所提到的二種神話，即荷馬與赫西奧的神話，都是西方原有的神話系統，在紀元前六世紀的時候，由東方輸進了一派神話體系，稱爲奧而菲。奧而菲的神話具有東方的色彩，所以他們「主行」，跟荷馬「主知」的神話本來是對立的；可是這個「主行」的學說，是要說明人生的過程中遭遇了許多擇善避惡的難題，那麼人類面臨這些難題應該如何去解決呢？奧而菲神話的目的是要指示大衆，依恃一種很有規律的生活，如何節制自己的慾望，然後才能夠解除外在世界對內心的束縛和引誘。因爲這一派的思想主張實行，所以很顯然地會逃避現世的功名利祿，寄望於來世的生命。

奧而菲神話不只是主張在這個世界上有善惡二元的對立，永恆地爭鬥不止；而且主張在我們一身之內亦有靈肉二元，這個二元因爲靈魂受了罪惡的懲罰，受困於肉體之內受苦受難，人的靈魂就好像坐監的人，禁錮於牢獄中，失去了自由一般。人的靈魂結合肉體，就成了無法逃避生、老、病、死的人；人生的使命就是要使靈魂解脫肉體的束縛，解脫之道就是修道，有時甚至要出家修道。

奧而菲神話這種解答問題的方法，很顯然的是屬於東方式的智慧，是主張每一個人在實行上，在節制自己的慾望之上，如果能夠達到自己想達到的地步之時，人性就往上面提高了一層。這種實行的方式，尤其是實行以後的結果，是用神話的系統的表出，可是它所隱含的思想却是哲學性的，它所提出的方法或化解之道却是哲學的。如此，在西方最早的時期已習慣于接受外來的文化系統；「主知」的系統加上「主行」的學說，使得人性在「知」和「行」的事工上，都得到和諧。

因爲神話是超理性的，而且具有濃厚的傳統以及宗教性，所以它的內容大部份使人感覺到因和果是循環的，因緣的定律是一定的。哲學就不相同，它不但是個別的思想結晶，而且是獨立的，它具有批判及改革的創造性，尤其它所追求的是合理以及因果的必然性。神話中的問題可以用「奧秘」兩個字給予完美的答案，但是哲學所要追求的却是那個最終的理由。

第二章 「太初」問題的探討

希臘的思想緊跟着神話而來的，就是哲學。這個哲學最先所探討的問題和神話所追求的問題完全相同，都是問到宇宙的開始是怎麼樣的，都是問到人生的開始是怎麼樣的，都是問我們在世界上所遭遇的問題的原因是什麼。這個「太初」的問題也就是哲學最先所探討的問題。這個「太初」的問題所追求的是最後的原因或最後的原理原則，無論是宇宙方面的或人生方面，都要問到底。而答案確是要求一個最終的答案。在這個「太初」問題的探討中，我們分成二部份來研究它，第一部份是專門研究宇宙問題的，另一部份是專門研究人生問題的。研究宇宙問題的以米勒學派三鉅子做代表，研究人生問題的以畢達哥拉斯學派做代表。

第一節 宇宙問題——米勒（Miletos）學派三鉅子

米勒是希臘的殖民地，是一羣海島。米勒學派中的三鉅子就是出生在這羣海島中，他們由海島航海的觀察，獲得有關宇宙的知識，從這些知識中引發了對宇宙深一層的問題，即是宇宙的根源問題。

米勒學派的特徵是自然哲學。他們要考察宇宙的起源問題，他們用的方法是觀察法。觀察自然，特別是天文與地理，用他們的思想把具體的東西抽象化，把衆多的東西單一化，用事物存在的單獨性來表示事物表象的複雜性；也就是說，用簡單的思想來代表複雜的存在。雖然我們說觀察自然本身就需要用屬於物質的種種官能，但是在用了這些官能之後，在探究事物的原因或事物的原理原則時，我們就用不到這些官能，也用不到這些官能的功用，而直接進入思維的領域。

米勒學派的三鉅子，所以成爲希臘哲學最早的一批代表人物，就是因爲他們能夠跳出物質世界的感覺，能夠把自己超昇到思維的世界中去，用自己理解的能力去解釋感官所不能了解的東西。他們發現感官只是起點，而哲學是超越了感官的，哲學的境界更是超凌於感官之上。他們觀察到世界的事物，尤其是感官的事物生生滅滅，他們也知道了事物的變化無常，於是他們提出了一種問題，問這個世界、這個宇宙開始的時候是怎麼個樣子呢？他們的生成變化現象又是怎麼樣的呢？

在前一章神話的時代中，我們已經提到過神話曾經解釋宇宙的起源，可是，這種解釋是神話的，答案是傳說的，大衆都相信這種信仰，並沒有經過個別的獨立的思考，更沒有經過嚴格的思想。在奧林匹克運動會中，他們看見了亞希力斯（Achilles）跑得那麼快，所擲的標槍那麼遠，只好提出了一種解決的方式，說由於他的媽媽和神明發生了關係而生下了他，所以亞希力斯外表上看來是肉體，而靈魂却具備了神性，因此才有如此巨大的神力。這種答案對當時的希臘人看來，已是足夠的了，足夠去解釋現象的所以然；可是事實上，我們知道這是一種說法，雖然能夠使得衆人相信，却不是一個最終的理由，因爲最終的理由是要追問神明如何有那麼大的能力，而且也要問神明爲何要降凡到這個世界上來，更深的問題是神明如何和人發生關係而有了子女呢？

關於宇宙的起源問題，米勒學派開始的時候，已經注意到用「太初」的問題，也就是說，用最早的情況去解釋現狀，用最早的原因去解決現在的現象的問題。

在宇宙問題「太初」的探討上面，從現今所遺的斷片裏面，米勒學派有三大哲學家，本來在柏拉圖著作中，可以找到至少有七位智者，但是我們現在有的資料只可以找到三個，歷史上就稱爲米勒學派的三鉅子，這三位學者同樣提出了宇宙萬象最根本的原因，這原因並不是完全脫離了神話的系統，因爲他們所提的問題和神話是一樣的，所解答的方式却是不同的。可是無論如何，就目前遺留下的斷片中，記載他們所使用的語言還是屬於神話系統的語言，因此我們很難在這些斷片中，從不完整的句子中尋獲他們的原義。

如果要在哲學上找到他們全番的意義，只能用當時所有思想家，甚至我們認爲這位思想家所給我們留下的斷片，以及他的生平，一齊用來討論這句話是什麼意義。

我們現在就按着秩序來討論這三位思想家，他們很偶然地是師徒三代：

一、泰勒士（Thales Ca. 624-546 B.C.）

依據歷史的記載泰勒士是生於第三十九屆奧林匹克運動會的第一年，死於奧林匹克第五十八屆世運會的期間。這種以奧林匹克爲中心的紀年方式，完全暴露了西洋在很久以前就具有的競爭精神和競爭的心態，在歷史記載中，這些大的思想家在政治及學術上都有與人一爭長短的心態。

對這位泰勒士歷史文獻記載得很少，只知道他是七位智者之一。他出生於貴族家庭，天生聰明，對政治深具興趣，他精通數學、天文以及自然科學，同時遠赴海外經商，柏拉圖著作中曾經敍述過他有一次沈思於世外之事，不小心掉在坑裏，弄得滿身泥濘，被一位下女取笑。亞里士多德因爲泰勒士最先提出哲學的答案，所以稱他爲「哲學之父」，又說他的哲學說明了宇宙的太初是水。

可是目前我們所保有的斷片中，關於泰勒士方面，能夠確定的是三句話，第一句話是「宇宙的太初是水」，第二句話是「地球浮在水上」，第三句是「一切都充滿了神明」。

如果我們把這三句話聯起來理解的話，就可以知道泰勒士所謂的「水」一定不是物理的水的意義，而是充滿了神明。也就是說，這種水液體的動態，促成了宇宙生成變化的動力。所以「水」成了世界宇宙的「太初」。有的歷史家以爲泰勒士生長於海島，整日觸目所見的都是水，而且覺得水的面積比陸地大得多，因此才覺得宇宙的開始就是水，這種解釋也無可厚非。

但是從他三句話的意義綜合看來，他是超乎了異常的體驗，而且推理出充滿神明、運動變化相當高度的水做爲原因，做爲宇宙太初時候的形態。

至於這個水如何會變成如今複雜的世界呢？泰勒士當然去向神話討教，因爲荷馬和赫西奧詩篇中水都是活的，都具有神性。這麼一來，他這句「一切都充滿神明」，卽表示水有神性，而且有活動性，能夠是一種「生」的現象，是一種生生不息的動力。生的象徵不但使泰勒士找到宇宙起源的解釋，而且多多少少指出在古代的西方有「物活觀」的看法。

所謂「物活觀」是把宇宙看成是活的，看成是生氣蓬勃的，這種「物活觀」把存在和生命聯在一起，以爲所有的東西都是生的，都是活的，所以在開始的時候，泰勒士的太初一定是充滿了神明。

這個神明最根本的意義也就成爲生的意義，宇宙的生生不息的變化也就成爲宇宙的眞象，而我們週遭的宇宙也就以這種活的、生的來做爲代表。泰勒士的學說指出的是，他提出的宇宙的生成變化，及能以當時希臘文中的「水」字來解釋。

從這麼一種角度而言，水不只一種物質的元素，而是一種象徵，象徵生和變的情形，用「水之內有神明的力量」來解釋由一種簡單元素可以變成一個多彩多姿的世界。在哲學的意義上，可以由雜多推至前面的單一，從複雜的現象推論出一個單純的元素。

泰勒士的水是宇宙的太初，還具有另一種意義，這意義表示出事物的現象和事物的本質是可以分開來討論的。我們看到現象，看到事物的生成變化，因而想到它裏面的本質，因爲泰勒士看到水的活動性，而想到水的裏面有神明的力量，由於這種神明力量的推動，以致於產生了整個的宇宙。如此一來，因果的原則也成爲希臘哲學中相當主要的問題，從果可以推到因，而這個因是果最終的解釋。

哲學要求每一種現象都要找到它後面的本體，要求從每一個果的發現都要追踪到它最終的原因，所以因果的法則以及現象本體的關係，是哲學的主要課題。泰勒士當時的語言雖然無法說得像我們今天這樣的清楚，可是至少他已經用「水是宇宙的太初」這句話，點出了哲學的一條路。用具體的來表示抽象的，用具體的「水」這個名詞，來表示出宇宙間整個現象後面的原因。

二、亞諾芝曼德（Anaximandros Ca. 610–546 B.C.）

他是泰勒士的弟子，歷史記載他死於第五十八屆奥林匹克運動會的第二年，享年六十四歲。他對數學、天文地理學識淵博，史載他是西方第一位用漿糊做立體地圖的人。他同時描繪了一幅星體之圖，供給船隻夜間航行之用。希臘的日規儀也可能是他發明的。亞諾芝曼德與泰勒士相同，對政治深具興趣，做過希臘殖民地阿波羅尼亞的總督。而且當地的百姓也愛戴他，爲他立了紀念碑。

在西洋哲學整個歷史的發展中，亞諾芝曼德是第一位有著作的學者，他寫了一本「論自然」的書，或者譯爲「論物理」，亦卽是西方第一部的哲學著作。當然不是今天所謂的「自然科學」或「物理學」的著作，因爲它裏面所討論的問題，事實上超乎了自然科學或物理學，而是屬於「形上學」。在這本書中，他覺得泰勒士用「水」這個具體的名詞來代表宇宙的太初，未免太具體了。因爲水是單一的，而現在的宇宙是雜多的，用單一的界定的一個「水」的概念如何變成現在的宇宙萬象呢？因此亞諾芝曼德以爲如果有這麼一個東西是世界萬物的太初的話，那麼它自己本身就應該有一種能力，能夠變化出其它所有的東西，也就不能用一個具體的概念來代表。所以他提出了「無限」或「無界限」這個名詞是宇宙的太初。亞諾芝曼德如此主張，因爲這個「無限」或「無界限」本身沒有界定，因此可以演變出種類繁多的事物，成爲如今世界萬象的宇宙。

當然這個「無限」或「無界限」這個名詞，與泰勒士的「水」類同，都是充滿了神明，覺得應該有愛神來牽引它們，使得它們發展爲現今的世界。亞諾芝曼德這個「無限」或「無界限」不單只是萬物的質和量，同時它本身是不死的，是不會消失的。這個「無限」或「無界限」的特性剛好使用在神明的上面，所以以前神話的解釋，到了亞諾芝曼德的時候，應該應用到哲學的意義上，很顯然的，他用「無限」這個概念來代表了希臘神話的系統，他用「愛神」這個概念雖然是由神話中得出來的，事實上，他要用「愛」變成一種無限的能力，可以促使任何質料變成現狀的東西，變成一種本體、一種本質，使得「愛」與「恨」的參與，「無限」與「無界限」的所有元素生生滅滅，演變成這萬象世界，仍然在不斷地變化生成當中。

「無限」在亞諾芝曼德的哲學看來，不只是顯出了無界限的物性，而且和人的智力有關。也就是用思想的超越來開闢現象的存在。這種方法遠從亞諾芝曼德開始就成了哲學中主要的方法之一，因爲人可以用超越的思想，抽象的概念去界定所有現實存在的事物。

亞諾芝曼德不只說出了宇宙的太初，也不只指出了宇宙太初生成變化的動力，而且特別指出了宇宙變化的過程，類似傳統的神話方式，他覺得有「愛」和「恨」兩種力量，這兩種力量就能把宇宙太初的「無限」和「無界限」，變成一個體系，由於「愛」和「恨」使得「無限」和「無界限」這些原質變成冷和熱、乾和濕、黑暗或光明……，由於這些個對立，使得世上東西有的上昇，有的下降，成了一個立體的宇宙，上有青天下有黃土的一個世界。地球的初期又冷又濕，這可能就是泰勒士所講的「水」，生命是在潮濕中才可以誕生。亞諾芝曼德並且以爲人類的遠祖是從水裏產生出來的魚，先在水中生活，以後才慢慢習慣於陸地的乾燥生活，這是西方最早的演化論者的想法。

亞諾芝曼德把「無限」、「無界限」許多不同的變成單一相同的，把矛盾的統一，把一種相同的名詞來超度許多相異的現實，這種形上學的根本方法影響了希臘，甚至影響了後來幾千年的西洋哲學。

亞諾芝曼德的「無限」或「無界限」可以說是有中國的易經和道家形上學的深度。如果我們用「不可名」來形容道的話，那麼亞諾芝曼德的「太初」也是以「無限」或「無界限」來形容。如果中國道家的「道」下面有「陰」和「陽」，也就可以用亞諾芝曼德下面的「黑暗」和「光明」做對比。

當然在希臘原始的思想中，立刻從具體的概念跳到形而上的名辭，只有天才能夠懂，其它一般人沒有受過訓練，無法懂得亞諾芝曼德的意義，甚至當時的神話家或思想家亦無法領會，亞諾芝曼德的形上學只有遭人冷落了。

三、亞諾西姆內斯（Anaximenes Ca. 585–528 B.C.）

史載亞諾西姆內斯是亞諾芝曼德的弟子，他喜愛天文地理，而且記載星辰被釘在天上，隨着天體繞地球而運行，他認爲以地球爲中心，太陽是一塊扁平的板，跟其它的星辰一般被釘在天上，可是亞諾西姆內斯是西方的第一個天文學家，他發現月亮的光是由太陽光所反射的，而且提出物理上的理由，以爲月亮上的陰影的變遷，我們可以知道月亮本身不發光，是由別的地方所反射的。地球是平面的，空氣才有理由托得住它。宇宙的太初就是「氣」，有如泰勒士所說的「水」；地球浮在「氣」上，有如泰勒士的地球浮在「水」上一般。

亞諾西姆內斯第一個印象，就覺得他的老師亞諾芝曼德的「無限」或「無界限」太抽象，而且只給予一種否定性的答案，沒有指出一種容易了解的實體做媒介，所以他從新把「太初」問題拉下來，用更具體的東西，却又比泰勒士的「水」更具浮動性的「氣」，來做爲宇宙的「太初」。這個「氣」他也加上了他的老師亞諾芝曼德的「無限」概念，覺得如果是「氣」變成整個宇宙的話，「氣」一定是無邊無際的。以「氣」爲起點，說明「氣」如何使宇宙生成變化的過程就是亞諾西姆內斯的哲學。

宇宙間所有生成變化的現象以及所有生滅的現象都是由於「氣」的凝聚或分散，如果「氣」分散得稀薄的時候，就變成「火」，「氣」凝結時就變成「風」，再變成「雲」，更重時就變成「水」，它凝結更密時，就變成「土」，比「土」更密的就成了「石頭」。這麼一來，亞諾西姆內斯解釋宇宙的生成變化之時，他解釋現在世界的具體事物之時，就要比他的老師甚至泰勒士還要清楚，他以爲天地萬物都可以由這六種元素構成，而這六種元素「火」、「風」、「雲」、「水」、「土」、「石頭」都是由「氣」變化而來的。所以「氣」算是宇宙的「太初」，從「氣」演變到這六種元素，更進而演變到世界上存在的東西，這些存在的東西正好可以用來做爲質料，構成這整個世界。

可是亞諾西姆內斯和他的老師亞諾芝曼德，他的師祖泰勒士一樣，認爲「氣」也是「生」的，也是充滿了「神明」。充滿了「神明」的「氣」當做宇宙的「太初」，因爲它充滿了「神明」，具有一種分散或離聚的能力，分散的時候變得更稀薄，凝聚的時候變得更堅硬。所以他最後結論人也是「氣」，整個的靈魂，整個的生命現象都是由呼吸而成的。

因此有的哲學史家註釋亞諾西姆內斯的時候，覺得他對宇宙的觀察，是根基於他對生物學的興趣，生命需要呼吸，而這呼吸就是「氣」，如此，他覺得所有的生滅現象是由「氣」構成的。

如果我們以歷史發展的眼光來看米勒學派發展，我們很可能會認爲到了亞諾西姆內斯的時候，哲學豈不又開了倒車，因爲亞諾芝曼德畢竟已經走上了形而上的地步，亞諾西姆內斯還要把他拉下來，從「無限」又變成「氣」，這「氣」固然是超越了泰勒士的「水」，「氣」的活動性比「水」的活動性更大，還是屬於有限的東西，不能與亞諾芝曼德的「無限」或「無界限」相比；可是我們知道實際的情形也不盡如此，「氣」比「水」的流動性大，這是超越泰勒士的地方，他又如何超越了亞諾芝曼德呢？那是因爲亞諾西姆內斯兼顧了具體和抽象的東西，兼顧到無限的「氣」，已經把有限的「氣」和無限的「氣」用一個具體的名辭表現出來。

「氣」本身是不可見的，因而他把可見的和不可見的聯繫在一起，無限的「氣」表示他把無限和有限聯在一起，如此他的思想還是有進步的。更進一步，亞諾西姆內斯除了發現了可見的和不可見的聯繫以及無限和有限的聯繫之外，他又發現了凝聚和分散的解釋，凝聚是代表形成，分散却代表消失，由於形成和消失的交替有了生滅現象，而有了生滅現象使得萬物多彩多姿而這個世界具有多樣性，它有生滅現象，新陳代謝的作用去裝飾這個世界，這種方式也是形而上的方法，卽用一種簡單而又抽象的理論去解釋複雜繁多、具體的萬世萬物。

米勒學派要解決宇宙的問題，而解決的方式是屬於哲學的方法，因爲他們最先討論到宇宙的太初是什麼，然後再把「太初」如何演變到這個世界的過程用一種哲學的方法去解釋，說明「水」如何變成萬物，「氣」如何變成萬物又如何用「無限」或「無界限」去包含這些生成變化的現象。

西方通常討論了宇宙的問題之後，還關心人生的問題，問人如何在宇宙中安身立命，如何把人的價值和地位界定在宇宙之間，正如同神話中特別關心宇宙起源問題的是希臘本土的神話，可是關於人事問題，「行」的神話却是由奧而菲神話來的，討論宇宙問題有米勒學派的三鉅子，是西方的人士，而關於人生問題的是畢達哥拉斯學派來的，關於畢達哥拉斯學派學說的淵源，可能是由東方的印度傳過去的，注重「行」的問題，不問宇宙的「太初」是什麼，却注重人生在這個世界上應該怎麼做，應該做什麼事情，才能得到一種解脫。

第二節　人生問題——畢達哥拉斯（Pythagoras 570-469 B.C.）及其學派

米勒學派的三位大師，他們的思想大半受了荷馬和嚇西奧神話的影響，以萬物充滿神明的思想做基礎，因而特別著重理論方面，在理論上探討宇宙的「太初」；畢達哥拉斯學派比較接近東方的奧而菲神話，他們也受到奧而菲神話的影響，著重實行。米勒學派著重「知」的問題，畢達哥拉斯學派著重「行」的問題。著重「知」的問題，大部份討論自身以外的知識問題，著重「行」的問題，却涉及自己應該做什麼的問題。這麼一來，屬於宇宙論問題的，大多數變成自然科學家，屬於人生問題的，大多數變成倫理學家。

畢達哥拉斯的生平，少有詳細的歷史記載，哲學家赫拉克利圖斯（Herakleitos）曾經稱讚畢達哥拉斯的學說「名滿天下」，一方面又罵他是「大騙子」。甚至後來連德國十九世紀的哲學家尼采也罵他是騙子，可是希臘的大哲柏拉圖却讚美他「生活有道」。至於畢達哥拉斯本人却自謙說「自己一點手藝都不懂，只是愛智而已」。「愛智」就是希臘文的「哲學」一字，後來也就變成希臘對哲學的稱呼，畢達哥拉斯的意思是自己對人生的智慧很有興趣。

畢達哥拉斯自己沒有著作，却創立了一個類似宗教的組織，因爲在這個組織內，所有的人都必需過嚴謹的生活，因爲他們相信因果原則、因緣法則，以爲人生有三度時間，分爲前世、今生、來世。前世的一切是今生的因緣，今生的一切都結成來世的果。如果今生有什麼苦痛，那是由於前世做了壞事，我們希望來世得享幸福，今生就得立功。如此哲學不只是米勒學派中所展現的追求事物的原因，而在人生哲學中，如在畢達哥拉斯學派，是要指出人生的現狀，也去追求人生的原因，生老病死的苦難是由前世的因緣所決定的。

畢達哥拉斯學派的人士深信將來要得享幸福，今生就得過嚴謹刻苦的生活，因爲有此種輪廻學說的影響，靈魂在肉體內，就好像走進了墳墓內，或入了牢獄一般。肉體好像監獄，因禁着靈魂。靈魂在走進肉體之前，已經存在了，而且存在的形態是自由自在，進入肉體內變成了人，才開始不自由，受肉體各種私慾偏情的勾引，如此整個學說強調修行，主張克己苦身，目的是使靈魂得以解脫肉體的束縛，重獲自由。

西洋的哲學發展到畢達哥拉斯重「行」的學說之後，我們馬上可以看出哲學的發展分成二個方向，一個方向是由荷馬和赫西奧影響下的米勒學派，他們注重自然哲學，關心的是宇宙生成變化的問題，覺得整個自然現象裏，有一對多，簡對繁的問題，想辦法用一來概括多，用簡來概括繁，對宇宙太初的問題漸漸發展了形而上的思想。另一支方向，是東方來的影響畢達哥拉斯學派的奧而非神話，不那麼注重「知」的問題，却注重「行」的問題，不再探討宇宙是如何構成的，却探討人類如何才能快樂，得到幸福。

米勒學派他們只提理論，却沒提到實際的問題，因而把所有的力量都放在組合和分散的力量上面，好像神話系統一般，把所有的力量都歸諸於神明，以爲萬物都充滿了神明，神明能夠由簡到繁，從一到多，能夠促成這個世界的生成變化。畢達哥拉斯在這一方面可以說是進步了，他能從實際的生活體驗中，看到生、老、病、死各種的現象，在這些現象的背後去找它們的原理原則，所以相對於米勒學派所探討的「太初」問題，畢達哥拉斯也說出了這麼一句話：「宇宙的太初是『數』」，有的歷史學家說它是形式，而泰勒士的「水」，亞諾芝曼德的「無限」，亞諾西姆內斯的「氣」都是屬於質料，不是和「數」一樣的形式。

可是我們所知道的畢達哥拉斯的「數」是一種命運的「數」，這種命運的「數」和輪廻有很大的關係。因為輪廻是解明因果關係，今生的一切就成了來世禍福的因緣。因而畢達哥拉斯處理這個問題的時候，是把靈魂和肉體分開來討論，把前世、今生、來世三階段也分開來處理，它們有因果的關係，却存在於不同層次。也就是說，在實際上的生命是延續的，是分不開的，却能用思想的方法把它們分開。換句話說，米勒學派這三位大思想家所用的方法是「綜合」的方法，畢達哥拉斯學派所用的是「分析」的方法。

不過我們說畢達哥拉斯所用分析方法，也不曾忘記了綜合的方法，因為形式的「數」表示，能用一種形式來界定一些實質，用「數」來代表宇宙「太初」的話，則說明了更能用一種更抽象的「數」來代表或概括一些實質的東西。認為「數」是宇宙的「太初」要比米勒學派中亞諾芝曼德更進一步，因為亞諾芝曼德的「無限」或「無界限」還是無法完全脫離事物的束縛，但是形式的「數」，根本上就屬於觀念界的東西，不是感官界所保有的。

如此，畢達哥拉斯就從人生的哲學部份，跳進了宇宙的哲學領域，因為這「數」本來是人生哲學中的命運之「數」，把它當做一種形式，應用到宇宙的形成方式內。而且利用人生裏輪廻的學說運用到宇宙裏，覺得人生在輪廻之中，宇宙也在輪廻之中，他發明了「宇宙年」之說，認為時間不是直線進行的，是輪廻式，是螺旋式，從永恒到永恒，中間經過的是那麼小小的一點時間，在永恒裏面出現了一點時間，整個時間是在輪廻的「數」之中，而時間更是應在這「數」之中，人生又在這時間中，因而更屬於這個「數」了。這麼一來，宇宙構成的形式是一種輪廻之「數」。

「數」本身自己沒有存在。如果存在的話，就必須附於別的事物上面。比如說，「二」是不存在的，如果要存在的話，是在兩個蘋菓、兩張桌子、兩個人……之上，這樣畢達哥拉斯的「數」有點像米勒學派所謂的「神明」，也有點類似於米勒學派中的宇宙的太初是「水」或「氣」，因爲這個「數」的說法支持了整個輪廻的法則，人生的輪廻或宇宙生成變化的輪廻，都成了畢達哥拉斯哲學中的中心點。

畢達哥拉斯因爲發明了這個輪廻的學說，用超度的方式，把人的肉體超度到靈魂的境界，把人的靈魂超度到脫離肉體的境界中去，因此他能夠把墮落和起昇，苦難和幸福消熔在一起，把善和惡、有限和無限都消熔到「數」之中，於是他發展了哲學上很神秘的概念——和諧。

這「和諧」是什麼呢？就是要超脫於所有的善和惡、美與醜、是與非之上，使得我們人生在這個世界上，不受到所謂二元的牽連。人性雖然是由靈魂和肉體二元所構成的，但是人生觀都得超乎於這些對立之上，而享受一種眞善美的和諧境地。這「和諧」的論點，是來自於畢達哥拉斯觀察整個宇宙所得到的主要結論，因爲他觀察到宇宙的秩序以及他自身生活體驗，雖然他覺得自己一身之內有二種力量在那兒鬪爭，有善和惡、美與醜、精神和物質、感性和理智在鬪爭，可是總是能以修行的方式，把這兩種互相對立或矛盾的力量統一起來，讓自己達到一種心平氣和的境界。

畢達哥拉斯用「數」來表示這種境界，並且用音樂的「和諧」來表示「數」。因爲他覺得在音樂中儘管有許多的衝突或不和諧的地方，最後它的目的還是要展現「和諧」，這「和諧」是由人的內心開始，由內心的平安延伸到整個世界萬物的秩序。

在畢達哥拉斯的學說中，雖然在開始時，看到人的生、老、病、死，覺得人生多多少少帶著苦難，人生在世多多少少是種受苦受難的類型，因爲靈魂被禁錮於肉體之內，本身就是表示了受苦受難的意義，可是畢達哥拉斯覺得人可以用自己的努力，以自己與生俱來的能力求得解脫。求解脫的方式，在人生看來就是出於自己的能力，從整個宇宙看來，是出自於宇宙物質裏面的能力。

如此，在希臘哲學的早期，無論是米勒學派對宇宙的看法或者是畢達哥拉斯對人生的看法，都看到這個元素。也就是說，米勒學派在觀察了宇宙之後，看到了「太初」，它們無論是「水」或「無限」或「氣」，在它們之上本身就有一種力量，促使自己生成變化，變成整個宇宙，畢達哥拉斯學說中也是如此，人生本來就俱有這種能力，能夠超越所有二元的對立，而達到一個「和諧」的地步，這「和諧」是畢達哥拉斯對人生的一種設計，同時也是他生活的體驗。

傳說畢達哥拉斯有一次去拜見查拉杜斯杜拉（Zarathustra），詢問宇宙太初的問題，查拉杜斯杜拉回答說：「宇宙的太初有二個原因，是爲一切萬物之始；有父和母，父是代表了光，母是代表了黑夜；光給予溫暖、乾燥、輕、快；黑夜則給予冷、濕、重、慢。由於這一切相對的變成了和諧之後，而構成了天下，而且人類因此也有男女之別。」

從神話脫胎孕育成的哲學，如果米勒學派考據的問題屬於宇宙論，則畢達哥拉斯所著重的是人事論。在宇宙論的探討中，如亞諾芝曼德是以冷和熱，濕和乾，夜和光來解釋宇宙的形成，然後把宇宙的起源應用到人類身上，認爲人類是從海洋來的，由魚變成，這是由宇宙論走向人性論的一條道路。畢達哥拉斯所走的路剛好是相反的，他先從人性論開始，以人生中無法避免的生、老、病、死的體驗，做爲知識的起點，然後以輪廻學說的假設，進而主張解脫的方式是克己苦身的修行，提出「數」做爲人類命運的關鍵，再而把這種輪廻的學說，從人性論轉移到宇宙論，因此也決定宇宙的形成，成因於「數」的綜合和分析，成因於輪廻命運的支配，這是由人性論走向宇宙論的一條路途。

哲學發展到畢達哥拉斯的時候，我們可以知道西洋的哲學，無論是在宇宙論或人事論上，都有一種先決的條件，預設凡是生成變化的能力，都是內存於事物本身，並非來之於外界的力量，如此，神學和哲學顯出了它們的差別。神話中事物的力量來自於外界，哲學宇宙太初的探討中，宇宙本身就有一生成變化的力量。泰勒士的「水」充滿了「神明」，而變成宇宙萬象，亞諾芝曼德的「無限」也可以變成宇宙，亞諾西姆內斯的「氣」也充滿了「神明」而能演變成整個世界。

畢達哥拉斯覺得人性內本來就有一種超度的能力，可以把所有矛盾的、對立的二元統一起來成爲「和諧」，然後站在「和諧」的層次上，再回首超度所有的對立和矛盾。

在整個哲學史的演變中，由宇宙到人生或由人生到宇宙的哲學方法都在交替應用。如果把哲學視為有系統、有整體的一門學問，則這二種方法都應當交互運用。這二種方法內含的意義是要表示每一種能生成變化的「太初」本身就有一種能力，不然的話，就要回到神話的系統內，認為他們本身能力不夠，只好求助於外界的力量，有如在奧林匹克運動會裏面看見亞希力斯跑得特別快，擲標槍擲得遠，就覺得他的力量來自神明一樣的解決方式。

人生在宇宙中，宇宙的眞善美是經由人去發掘的，宇宙沒有人生，是荒蕪的，人生沒有宇宙，則沒有存在的立足點，做為存在的基礎。哲學演變到畢達哥拉斯學派時，他要討論宇宙的問題，同時又要討論人生的問題。由於畢達哥拉斯學派特別討論人生的問題，所以這個派系特別注重醫學，討論人的肉體各種構造、疾病以及治療的各種方法。

就在生理研究之中，這派系中有名的醫生（Alkmaion Krotoniates）已經發明了腦是靈魂的中心。還有一些學者擺脫了人生哲學，進而討論宇宙問題，這些天文學者慢慢地覺得宇宙是天體的輪廻，（Philolaos Krotoniatos）開始懷疑以地球為中心的學說。

畢達哥拉斯死後，學派分為二派，其中一派停留在人生哲學中，過嚴謹刻苦的生活，不吃魚肉，不沐浴，終身以乞食為生。他們以為唯有如此貧窮和苦難，才得以超脫肉體的束縛，超度自己的靈魂。

另一派以宇宙論做中心，走出了人生的範圍，用整個宇宙的研究做對象。對天文、哲學、醫學頗具貢獻。並且特別發展了「知」的問題，如此畢達哥拉斯學派的後期，貫通了「知」和「行」，研究的中心也由「行」推廣到「知」。

畢達哥拉斯對西方哲學的貢獻，至少有下列三種：第一種是把哲學當做是研究宇宙和人生的根本問題，第二種是對天文知識的研究，開始懷疑以地球爲中心的學說，慢慢地導引至中世時候的「太陽中心說」。第三種貢獻是他們的醫學，認爲人思想的中心是在腦部。

我們從希臘早期對「太初」的探討，至少知道哲學一方面討論宇宙問題，另一方面又要討論人生問題。討論宇宙問題的時候，不能把人生問題擱置一旁，而想辦法在知道宇宙的眞象之後，把人生安置在宇宙之中。在討論人生問題的時候，也不能忘記宇宙問題，把人生的前世、今生、來世的種種因緣，應用在宇宙方面。總之，在討論宇宙問題或人生問題之時，都是把這二個問題看做是一個問題，一個哲學性的問題，這個哲學性問題的解決方法，終得透過人生的體驗，在仰觀俯察，或對生、老、病、死的體驗間。

對宇宙的觀察或對人生的體驗因此就成爲哲學開頭的先決條件。從宇宙觀察所發現的問題，或從人生體驗中所感受的問題，然後在這二種問題中想辦法找到一個最終的答案，這是希臘哲學中早期所要追尋的和努力的方向。

第三章 「動」與「靜」的觀察

從前面第二章「太初」問題探討中，我們知道在希臘早期討論的宇宙和人生問題，而且開始是分開成二個問題來討論，以後才合一起來，得到一個統一的結論。在此章中，關於「動」與「靜」的觀察，是把宇宙問題和人生問題置於一旁，而是談論這二個問題中間的根本問題，也就是問及整個的宇宙和人生是屬於動態的，抑或靜態的呢？

在這個問題中，同樣可以舉出二支不同的派系，第一支派系是把宇宙看成是靜止狀態，另一支是把宇宙看成是活生生的。這二支學派所歸結的答案並不相同，因爲在開始所用的方法不同。這二派注重宇宙的動態或靜態的問題以及人生的動態或靜態問題，他們最早的出發點是看到了人的知識論，認爲人要認識的話，就得用思想去認識外在世界的存在，如此哲學在開始的先決條件，就得承認思想和存在之間的關係。如果思想和存在沒有關係的話，就無知識可言，也就沒有哲學可談了。但是如果思想和存在能夠有所連繫，即思想能夠認識存在的話，就可以開始談哲學的問題。

所以在希臘早期，研究「動」和「靜」的問題，首先注意到思想是否有些法則，存在是否有些法則，我們如果分析思想的法則之時，是否同樣地可以用這些原理原則去分析存在。如果發現思想中所有的元素能夠和存在中所有的元素符合的話，人類的知識就可以構成，否則就無知識可言。

關於思想和存在的問題，在希臘早期的思想裏分成了二派。一個是伊利亞(Elea)學派，這一派和前面提及的米勒學派一樣，有師徒三代，他們專門研究人類思想的問題，提出了人類思想的法則，也許因爲他們太過注意思想的問題，因而忽略了外在存在的東西，所以當他們發現外在存在的現象，和思想法則的分析有些無法符合的話，他們只好贊成思想的法則，否定了存在的現象。

另一派是赫拉克利圖斯(Herakleitos ca. 544-484 B.C.)這位古希臘最有深度的思想家，他看準整個世界的現象，認爲我們的思想，必須藉着感官，先得承認宇宙的萬象，再在這宇宙萬象中去尋找存在的法則，同時尋找思想的法則。

這二種派系的學說，我們以最後的分析去批判他們，認爲無論是研究思想或研究存在，終究得有一種結論：無論如何，思想總可以認識存在，不只是認識外在世界的存在，甚至可以分析思想自己本身，能知道思想有那些法則，在把握住思想的法則之後，也就可以用同一方式去把握外在世界的存在的法則，把握住外在世界的法則也就是得到知識。會用知識就是智慧，愛智就是哲學。

第一節 伊利亞（Elea）學派三鉅子

伊利亞這海島，在古希臘時代最早把思想提出來討論。在前面的兩章裏，我們所討論的是屬於思想以外的對象問題，到了伊利亞學派三鉅子，他們就開始反省自己的思想，認爲我們的知識是在思想和存在之間建立起來的，如果單方面去考據思想的對象，却忽略了思想本身，這知識的獲得尙無法稱得上是完備的。於是伊利亞學派出現了師徒三代，這師徒三代所觀察的問題，是思想的法則問題，雖然我們認爲他們最後犧牲了感官世界的眞實性，使得我們的思想只有一條出路，走進了哲學的極端。可是這種精密的思想法則却給哲學帶來了更大的貢獻。

伊利亞學派三鉅子，帶頭的是色諾芬尼。

一、色諾芬尼（Xenophanes ca. 570-475 B.C.）

氏爲一位出面反對荷馬和赫西奧神話的哲學家。他認爲由於神話的系統把人類的幻想和想像規定了神的存在和行動，也就是說，把神的一切規範在人的思維之下。色諾芬尼首先提出抗議，他先道出神的唯一性、偉大性以及不同於萬物的相異性，祂超越萬物與人的理性，最後甚至可以利用思想的法則，提出神的唯一性。從萬物的「多」，抽象出一個與萬物根本不同性質的「一」神，並且強調了這「一」和「多」的關係。「一」和「多」的二元，同時界定了往後西洋哲學的二元。

色諾芬尼也給伊利亞學派指出往後要走的一條路，這位伊利亞學派的色諾芬尼與我國的孔子一樣週遊列國，把自己新的理想——從神話的束縛中解脫出來的哲學，給當時的學者和百姓指出一條新的途徑。他花了二十年的時間，最後才把神和人的特性的思想法則弄清楚了，而且指出思想是人的一部份，思想本身就是神性的。

歷史記載色諾芬尼生於第五十屆奧林匹克世運會中（580-577 B.C.），出生地爲可羅和尼荷，從小就離了本城到伊利亞城求學，活了一大把年紀，九十三歲時還著述了一本書，書內提及：「六十七年都爲希臘祖國憂心工作，再加上二十五年，但這些歲月都消逝了。」

從他的著作中，第一點可以知道的是他十分長壽，第二點是他對政治十分感興趣。他的著作「論自然」這本書，可以說是繼米勒學派亞諾芝曼德以後的一本大著，色諾芬尼雖然講明的是「論自然」或「論物理」，但是書內却想法超越這自然或物理的存在法則，而達到「神明」的概念，這「神明」是哲學工作內探討出來的，已經不再是希臘早期的神話產品，更不可以用希臘的神話來解釋。因爲他解釋「神明」的時候，都是用「全」字來形容，他認爲神是全耳、全目、全靈；「全」的意思是指全能，所以全耳是全部都聽得到，猶如順風耳；全目是指全部都見得到，猶如千里眼；全靈指所有的都知道；神靈有一特性是定於某一部地方，雖然自己不動，卻有一種推動萬物的潛能。

這種「神」的概念啓發了後來的亞里士多德（Aristoteles）的哲學，也推動了神學哲學以及中世哲學。

色諾芬尼除了「論自然」的著作外，還有一部著作「漫罵」，書內消極地罵了荷馬和嚇西奧的神話，指出他們欺騙百姓，以他們的擬人觀把神話描繪成人，他們把人所有的過錯往神明上面推諉，他認爲如果人有理由把神說成人，則牛馬有思想的話，也會把人描繪成牛馬，也會把神描繪成牛馬，勾鼻子的人會給神裝上勾鼻子，紅頭髮的人也會給神裝上紅頭髮。

這是指出神話裏面所說的是主觀的，缺乏客觀的根據，色諾芬尼認爲爲學應有一客觀的標準，這客觀的標準是要指出人必須認識思想的法則。

色諾芬尼的思想是創造了「一神論」，這「一神」能夠和世界對立，同時這「一神」和「多物」的學說，並非指出神、物的二元，而是首先把事物存在的原理原則、事物最先存在的原因往神上而推，把現在世界的現象當做果，依據從果推到因的原則，必有一個本身不動，卻又有能力推動萬物的至上神。

色諾芬尼在哲學中有句名言：「一卽全體」。意卽把神和世界，神和人看做是一體的，並非把神和世界看做是完全對立的或互相矛盾而無法得到和諧；而是以爲思想的「單一性」可以界定存在的「單一性」，存在的「單一性」以神爲代表，但是神內却包容了所有的存在。

史載他有次觀察天象，說道：「神性唯一」，雖然神是唯一的，可是神本身是全體的，如此色諾芬尼是要把世界的「雜多性」往神上面的「唯一性」推去，而且使這雜多的世界與唯一的神成爲同一的存在法則，最後歸結到思想的法則中，把思想和存在視爲一體。

在哲學史上，色諾芬尼的貢獻在於：找到最高的「唯一性」，然後以這「唯一惟」來統攝一切。把世界上的二元或多元以神的唯一性去統合。

這麼一來，「一」與「多」的關係，不再是米勒學派三哲追溯宇宙「太初」的關係，而是不存於歷史關係中，而以當時當地，用此時此地「一」與「多」共存的關係，說明這個世界與人生的哲學，後來的蘇格拉底、柏拉圖，莫不是由於色諾芬尼的啓發，而結論出「和諧」的概念。

色諾芬尼找到「唯一神」的途徑，使思想直線進行，不似畢達哥拉斯輪廻的廻轉式的思想。這直線進行的思想具有一種特性，即他可以利用感官世界的經驗，可是不停滯於感官世界中，更不會回到感官世界中。更主要的是不需要感官的檢證，光靠思想的法則去找思想本身，他可以用思想的原理原則，去找思想的本體。

因爲思想法則最後找到的是「唯一神」，是無法分割的；所以對整個存在的看法也就局限於「唯一神」上面，把所有雜多的物質，以「一神」來把握、包含和界定。這種從思想到眞實存在的一條路，是西方主要的哲學方法之一，而這種思想方法是西方理性主義的啓發。理性主義首先承認人思想的能力，是與生俱來的，人類只要利用這種能力就可以把握住外界事物，甚至可以把握住思想自己本身。

在思想的內容上，色諾芬尼以神話的探討做背景，指出多神論的謬誤，再而指出神的「唯一性」做爲他觀察宇宙現象的結論。所以他思想的內容是指向「單一」，但是這個「單一」却不反對「雜多」，不與「雜多」對立，因爲這個「單一」是「全」的意思，是包括了一切的一切。在數的形式上，色諾芬尼認爲應該由數目字的「一」開始，數目字除了「一」以外的，都是淵源於「一」，只要我們的思想把握到了「一」，也就可以懂得其它的數目，也就可以清楚整個思想的對象和客體。

這麼一來，色諾芬尼的哲學對象，不僅僅是提出了思想的內容，也提出了思想的形式。當這個內容和思想集合成一點，都指向數目字的「一」時，把這最終的存在，或全體存在的綜合稱爲「神明」。

色諾芬尼反對神話，却又把自己的哲學推向神，主要的原因是，神話把人的錯誤，人世間的罪惡往神明上面推，認爲神明搗亂了世界的秩序，可是色諾芬尼認爲如果神明也會作惡，那麼這世界上還有什麼東西是一定的呢？所以他認爲與其把所有的過錯都往神明身上推，不如人承認人類自己的懦弱和過錯，而假設在神明的領域中沒有錯誤，而且把這個唯一的神當做存在最終的一點，當做是宇宙的「太初」。

人類因爲他的雜多性，有過錯，所以才需要神的唯一性，神的善良與不變來超度人性。因此在針對神話一方面的解釋，就是完全站在人性的立場看來，色諾芬尼採取了一種立場，他認爲人性在追求眞、善、美的東西，而這眞、善、美，並不是像神話中解決的方式，眞、善、美並不是在人性身上，人性的敗壞不可能是神性的降凡與墮落。人性在追求更高的層次，這層次是屬於唯一的，不變的不動的，完美的神性上面。人性如果要超昇，使得自己更加完美，就得超渡到那唯一的神性上面，因爲唯一的神性同時是人追求的目標，又是宇宙的「太初」。

因此色諾芬尼認爲只有這樣，才可以解決宇宙的問題或人生的問題。後來亞里士多德著述哲學史之時，讚美色諾芬尼說：「把神性和人性解釋成一個，在神性中把宇宙和人結合成一體。」由於這個神性的比喩，色諾芬尼慢慢地把這「唯心」推展到存在的事物上去。這麼一來，人、物、神成爲三位一體，使得我們的思想漸漸地走入了「合一」的地步。

這種由神性的「唯一」過渡到人性的思想和存在的「唯一性」，再走上世界宇宙的「唯一性」，可以說是伊利亞學派最大的功德。

所以最後的結論，色諾芬尼認爲這個世界和神性一樣，不可能有什麼生成變化，有什麼開始或終了。這種思想深深地影響了他的弟子帕米尼德斯。依照哲學史的記載，色諾芬尼很可能是亞諾芝曼德的弟子，因爲後者提出「無限」或「無界限」是宇宙的「太初」，所以色諾芬尼也認爲不應該用一種物質的東西去界定宇宙的「太初」，應該以神性的「唯一性」及「不可變動性」當做是宇宙的「太初」。

二、帕米尼德斯（Parmenides ca. 540-470 B.C.）

帕米尼德斯生於伊利亞，是伊利亞學派的代表人物。色諾芬尼是他的老師，因而在哲學理論上，帕米尼德斯跟隨着色諾芬尼的學說，認爲「唯一」、「不動、不變」才是萬物的眞象。所有的變動都有問題。因此他把人的思想分爲二種：一種是感官界的思想，另一種是思想界的思想。而這二種不同認知的能力，亦有二種不同的對象：一個是感官世界，另一個是理念界。我們的思想，因爲可以抵達第一物性，所以才是眞實的；而感官所接觸到的都是變動，生滅現象的東西，在帕米尼德斯的學說內，都是虛幻的。思想才是眞實的，存在是虛幻的。在這種學說之下，帕米尼德斯可以說是，完全成了色諾芬尼的弟子。

可是在另一方面，帕米尼德斯也跟隨了畢達哥拉斯的學派，他內心的生活與他的整個行爲，完全受了畢達哥拉斯的影響。

史載帕米尼德斯出生於貴族家庭，生活富裕，他最興盛的時期，是在第六十九屆世運會的時候。他曾經一度爲伊利亞城立下法律，使得這個城邦走上了繁榮與康樂。伊利亞城邦的人民每年都會祭祀他，而且每年都宣誓遵守帕米尼德斯爲他們訂下的法律。

關於帕米尼德斯的生平，歷史上文獻的記載，大都記述他和畢達哥拉斯的生活集團或宗教集團生活在一起，過着克己耐勞的生活。雖然思想的型態，是跟隨着色諾芬尼，內心的生活却是屬靈的生活。

現在在西洋遺留下來的著作中，帕米尼德斯爲我們留下了二段詩歌，這二段的詩歌裏，第一段是專門討論思想的原理原則，思想的對象；第二部份是屬於自然科學的著作，記錄當時天文地理的知識。

詩歌的第一段，講明思想的「唯一性」，說明唯有思想才是到達眞理的道路，感官因爲接觸的感官世界，經常變化無常，我們根本無法從感官得到眞正的眞理；可是帕米尼德斯所記述的，一方面超越了色諾芬尼，因爲色諾芬尼允許世界的雜多性和思想唯一性一同存在，把世界的雜多性放入思想的唯一性中；帕米尼德斯只承認思想的唯一性，把世界的雜多性根本除去，以爲感官的世界全部都是虛幻的。

可是在另一方面，帕米尼德斯無法脫離神話的系統。解釋他的這二種學說之時，仍然應用了神話的權威；他把自己描繪成一個少年，而這一個少年有一天被女神用馬車拉到天上的宮殿中；這女神告訴他：思想的眞實性與感官的虛幻性，所以他回到這個世界上，記錄下女神和他的談話，由於女神的權威，相信思想是眞實的，而感官是虛幻的。

在伊利亞學派中，帕米尼德斯是中流砥柱。因爲他首先應用清楚的方式，把思想的法則和存在的法則分開來討論。在思想的法則中去尋找存在界是否有一種相同的法則，在我們的思想當中，在我們知識論中，整個的知識是由主體的思想和客觀的存在構成的。那麼如果我們的思想可以把握住客觀的存在時，就能夠得到知識，否則僅是幻想而已，甚至是無知而已。

帕米尼德斯如何建構他思想的體系，又如何界定存在的體系呢？這是我們在這章中所要解答的問題。

在思想的法則中，帕米尼德斯說：「我們應該去想，也應該照着去做，存在是存在，不存在就是不存在」，這種表示是西方邏輯上的「同一律」，存在等於存在，存在不能夠等於不存在，不存在也不可能等於存在，這樣就很清楚地由從「同一律」導引出「矛盾律」，從「矛盾律」再導引下去的，就是「排中律」：存在不可能同時等於存在，又同時等於不存在；反過來，不存在也不可能同時等於存在，又同時等於不存在。

所以，在帕米尼德斯的探討中，思想是有思想的法則，這種思想的法則，首先是「同一律」——存在等於存在；因爲帕米尼德斯完全確信這個定律，當然這個定律已經早由他的老師色諾芬尼探討出來的，他只是把握住，繼續發揮下去，從「同一律」中找出「矛盾律」又找出「排中律」。可是在「同一律」中，帕米尼德斯完全看不開，他不可能知道爲什麼事物會有生成變化，他只是想到思想裏面的存在不可能等於不存在；所以這麼一來，世界上的東西就不可能有所謂的生成變化、生滅現象，因爲「生」是表示某種東西，以前不存在，現在却又存在了；所謂的「滅」

是指以前存在的，現在已經不存在了。

可是帕米尼德斯用思想的法則去探討的時候，認爲不存在能夠變爲存在，或存在能夠變爲不存在，這都是自相矛盾的，根本上是不可能；因此他寧願承認思想的尊嚴，而否定感官的作用。這麼一來，他在詩篇的上篇中，就想法舉出唯有思想的唯一性和不變不動性，才是眞實的。感官世界的雜多性以及感官世界內的東西都是屬於虛幻的，只是感官的錯誤，才會把它們當做是眞實的。事實上，人類都應該相信自己的思想，而且在思想之中，存在就等於存在，不存在就等於不存在，永遠不會有其它的例外。

帕米尼德斯所處理的問題，很清楚地分成兩部份：一部份是我們主體認識的能力，另一部份是這個世界做爲我們認識的對象。在我們主體的認識能力這方面，很清楚地分成二種：一種是感官，直接可以感受到這個世界上感官事物的存在，另一種能力是我們的思想，我們的思想可以把握住感官所得到的東西，同時可以超越感官所得到的東西，甚至超越了整個的感官作用。

那麼就在思想的「同一律」中，帕米尼德斯把感官、現象界的變化和運動，把它們排除掉，只想到思想內的「同一律」跟「排中律」。如果照感官世界的觀察，生成變化的現象，卽某些東西從有變成沒有，或某些東西從沒有變成有，如此豈不等於在思想界應該承認存在等於不存在，不存在等於存在嗎？這麼一來就相反了「矛盾律」的原則，同時如果我們承認某些東西現在不存在，而由於生成變化的作用，使它存在了。如此豈不又把存在看成不存在，又同時看成存在嗎？

同樣把不存在看成存在，又同時看成不存在了嗎？這又違反了「排中律」的原則。

帕米尼德斯想辦法利用「同一律」做根基，由「同一律」發展出二個箭頭，一個是「矛盾律」，一個是「排中律」。這三角的關係來界定宇宙整個存在的可能性。因此他不得不否認感官世界的存在，不得不否認感官世界的認識能力。

所以他在詩篇的前半篇，以神話中女神的權威，言明「同一律」、「矛盾律」、「排中律」的權威性。然後在詩篇的下篇，他帶領讀者走過一層層的天體，走向一層層的宇宙劃分，走向宇宙界所有事實的運轉，以及其它事物的生成變化，認爲它們都冒犯了「同一律」「矛盾律」「排中律」的思想法則，它們只是虛幻，我們不能認爲感官世界所得的知識是眞實的，唯一眞實的世界是思想界。

如果我們問及什麼東西才是眞正的存在呢？帕米尼德斯只有一個答案：那就是「思想等於存在」，同樣「存在等於思想」。除了想得通的東西以外，沒有別的存在。所有存在的東西應該是想得通的。

西方世界二元的劃分，起自帕米尼德斯。他認爲宇宙分爲二元，即觀念界和感官世界；感官世界是虛幻的，觀念界才是眞象。這種想法和畢達哥拉斯學派修身的具體生活，有很大的關係。畢達哥拉斯的宗教生活，總要人們摒棄鄙視感官世界的生活；遺棄感官世界的享樂，一心專注於精神方面的價值與歡樂，忽略肉體方面的享受；感官正好是屬於肉體的，觀念是屬於思想界的，屬於人精神方面的；世界上所有的宗教，幾乎是重精神而輕肉體，帕米尼德斯的想法正好符合了畢達哥拉斯的想法。

帕米尼德斯這種世界二元的劃分，可以說是奠定了西洋哲學二千多年來的基礎。二元的劃分，尤其受到後來的柏拉圖支持之後，構成了西方二元論的根本。這二元論上有觀念界，下有感官界，而中間人性則剛好頂天立地，人性上半層屬於靈魂，屬於觀念的世界，下半部屬於肉體，屬於感官的世界。

如此帕米尼德斯在思想的敎育方面，覺得人有兩條路可以走：一條是向上之道，一條是向下之道。向上之道指人如何利用思想，並且認識利用思想法則中的「同一律」，發展出對「矛盾律」的認識，對「排中律」的體驗，然後用三位一體的思想方法，去界定什麼東西是存在的，什麼才是虛幻的。

至於向下之道，是利用當時天文地理的知識，反證出在這個世界上，感官所接觸的東西是虛幻的，因爲它們的變幻無常，由存在變成不存在，由不存在變成存在，這樣剛好相反了思想的法則，與思想的法則相矛盾對立，如此感官世界與感官作用就沒有價值了，無法直達眞理。所以在思想上，應該走向上之道這條路，縱使我們在日常的生活中也應該走向上之道，並非向下之道。

向上之道整個的設計是在詩篇的前半部，他用思想的方法指出存在的唯一性，指出存在的不變性，同時強調了存在的不可分性；更指出了存在的必需性。在這半部的詩篇中，所有的方法都是向上的，以今日的哲學名辭來表示，就是「超越的」。超越了所有感官對個別事物的體驗，希望人能夠超越感官，用思想去把握事物的普遍性或共相性。

帕米尼德斯用女神口中的話做爲一種權威，指出人如何能夠找到眞理，除非人把握住「存在就是存在，不存在就是不存在」的思想法則，他就不可能得到眞理。書中記述女神帶他到一個光明的地方，告訴他求得眞理的方法，這只是一個象徵，用女神居住的光明的地方，把光明象徵着眞理，他自己所住的地方是黑夜，他是坐着女神派來的馬車，從黑夜走向光明、白天。帕米尼德斯把自己生平的體驗也融會其內，覺得自己以前只滿足於感官作用與感官世界，在天庭上聽了女神的話之後，他才相信只有思想才能找到眞理，並非憑藉感官。

帕米尼德斯在詩篇的下半部，搬來了宇宙的全部知識，同時加以運用，他想法在變化與雜多的世界上，用思想尋獲到存在的法則，結果很遺憾地，他在整個的宇宙論中，在整個的宇宙體系中，在整個宇宙的存在中，都找不到能夠跟他思想吻合的存在。所以他只好否定了感官世界，他說感官世界是不存在的，是虛幻的。感官世界的不存在以及感官作用的無能爲力，是帕米尼德斯哲學的結論。

西方的哲學從帕米尼德斯開始，把宇宙分成了二元：觀念界與感官界。他也就從這種二元的劃分，提出了另外五種的對立方法，這五種對立的方法也指出了上界和下界，也就是說向上之道所追求到的思想界，和向下之道感官世界的對立。同時指出了它們相互之間的特性，第一種對立是存在與事物，在他的「同一律」、「矛盾律」、「排中律」裏，他首先感覺出「有」和「無」的感官體驗，這種感官的體驗昇華到思想界的時候，就發現極端的生滅現象，這生滅的現象表現了有和無之間的生成變化，可是由於「同一律」的「存在等於存在，不存在等於不存在」，而且這種相等是永恒的、是不變的，因此存在與事物是二個首先對立的東西，也就是在宇宙的二元中最先存在的一對。

第二個對立是存在與思想。本來我們在知識論中，要認識東西，總得應用我們的思想，可是這種思想本身想的是什麼呢？在帕米尼德斯的學說中，它可能思想存在，也可能想着空無，也可能把存在看成空無，或把空無看成存在；如果是後者，人就犯了矛盾的錯誤，因爲把存在的東西看成不存在，把不存在的東西看成存在。

這麼一來，存在本身是永恒不變的，而人的思想可以去想觀念界眞實的存在，也可以去想感官界虛幻的東西。所以存在和思想也就成爲一個對立。在另一方面，什麼才是眞正的存在呢？還是要反過來，它是由於思想的法則去界定，而這個思想的法則才是眞正的存在。

因此，帕米尼德斯最後結論出：思想就是存在。思想和存在是一致性的，思想和存在是不可分的。因爲唯有想得通的東西才是存在，那些想不通的東西——就變成虛無。

第三個對立是語言和思想。人的思想表現到外界的時候，就是語言；而語言所表現的是思想所思考的東西，可是如何知道所言和所思是一致的呢？語言的分類，在當時的希臘，尤其是母語，已經慢慢地感覺到方言的不同，但是帕米尼德斯認爲所表現的思想却是相同的。如此思想是本質，語言就是他的表象。

語言可以改變，類似感官世界的虛幻的事物一樣，但是思想却有「同一律」、「矛盾律」和「排中律」的束縛，它是永恒不變的，因爲它本身就是存在。語言只不過是形容存在的東西，只不過是一個人表現他對存在的認識而已。

語言的作用是對所認識的事物，給予一個名稱，這個名稱不只是對認識事物的本人有這麼一種認識，而且希望和他談話的人也對這事物有所相同的認識和名稱。如此思想和思想之間可以有所交往，主體和主體之間也可以有所交往，知識可以互相傳授，對存在的知識或事物的知識都可以互相傳授，正如女神傳授了帕米尼德斯的眞理，或帕米尼德斯也可以把這種眞理傳授給別人，做爲眞理的使者。

第四個對立是存在與表象。因爲帕米尼德斯覺得存在是眞實的，存在所表現的，尤其在感官世界的現象却是不眞實的、虛幻的。這虛幻的理由是起因於人性，他多多少少跟隨了畢達哥拉斯學派的方式，認爲人的肉體是靈魂的墳墓，靈魂是思想的主體，可以直接想到存在，肉體却是靈魂的墳墓，感官只是靈魂的窗戶，使得靈魂對外界有所體認，肉體束縛了靈魂的能力。這些窗戶是肉體所供給的，肉體是監獄或墳墓，原本不懷好意，不讓靈魂認識眞實的世界，所以感官所認知的東西，帕米尼德斯認爲是虛幻不眞實的。

因此如果人要得到眞正的知識，必須運用自己的思想，閉上自己的眼睛，把自己的感官存而不論，只用思想的法則去界定存在，這是西方哲學史上發展最早的唯心論。

第五種對立是存在與運動變化。感官世界所感覺到的東西都在運動和變化中，尤其是和伊利亞學派持相反論調的赫拉克利圖斯，他認爲整個的宇宙都在變化中，所以他發明了「萬物流轉」的學說；這種學說在帕米尼德斯看來是屬於一種虛幻，因爲所有的生成變化，最主要的原則是從有變成無，從無變成有，而這有無之間的變化，正好觸犯了思想的法則，因爲思想的法則中，存在永遠等於存在，虛無永遠等於虛無；如此帕米尼德斯的存在和所有的運動現象就成了對立。他又堅持思想界存在的眞實性，只好放棄感官世界的運動變化現象。

在帕米尼德斯的哲學中，因爲他是最早的唯心論者，他所強調的，我們可以用兩句話來說明：精神等於存在，物質等於虛無；精神和物質的二元無法相通，那麼存在和虛無的二元之間也無法取得和諧。

西洋的哲學發展到帕米尼德斯之後，他所注重和關心的問題是「一」與「多」的關係。米勒學派想法把感官世界中的「多」往觀念世界中的「一」去推，把思想中的「一」去超度感官世界的「多」。可是到了伊利亞學派，特別是帕米尼德斯，他只承認「一」的存在，根本上就否定了這個「多」。

在色諾芬尼的哲學中，還想辦法把世界上的「多」超度到思想世界中；到了帕米尼德斯的時候，「一」是唯一的存在，「多」已經不存在了。

三、齊諾（Zenon, Ca. 490-430 B.C.）

史載齊諾生於第七十一屆奧林匹克運動會，盛年適逢於奧林匹克第七十九次世運會之中，他是帕米尼德斯的弟子，同時他也以帕米尼德斯爲義父，他著有「論自然」（peri phy seos）以及「致哲學派系」（prostous philosophous）二書，現祇存斷片。齊諾有辯論天才，史載氏在辯論時常使對方窘難。因反對當時的暴君德慕羅斯（Demylos）而被處死，受審時嘗咬破舌頭，含血噴在暴君臉上。

齊諾的學說已經完成了伊利亞學派整個唯心論的體系；色諾芬尼認爲神性是唯一的，而想法超度世界的雜多性；帕米尼德斯的思想進展中，唯一存在的是思想，而雜多性已經不存在了；到了齊諾，認爲必得用一種反證的方式，證明整個宇宙的生成變化是不可能的，所以他提出了四個反對運動的論證，這些論證奠定了思想靜止的狀態，也就是把西方思想的法則、邏輯的法則提高到最高峯。

齊諾的四個論證是這樣子的：

「一、運動不可能：因爲凡是動，都得由一點到另一點，而中間整個的過程就是整個的運動過程，可是如果必須經過一點到另一點，就必須經過兩點間的中間部份，如此就會形成「一尺之椎，日取其半，萬世不竭」的情形，因爲用二分之一的原理去劃分一條線段的話，永遠是劃分不完的。這麼一來，從一點到別的一點，根本就無法抵達，無法抵達表示沒有運動。

二、龜兔賽跑的論證：齊諾舉出當時的運動家亞希力斯在世運會中常常可以奪得錦標，齊諾認爲只要亞希力斯和烏龜賽跑，如果烏龜先走了一段距離，亞希力斯則永遠趕不上烏龜。齊諾提出的理由是這樣子的：亞希力斯無論跑得多麼快，他必需經過烏龜現在的所在地，而烏龜不管如何的慢，當亞希力斯跑到他原來的地方時，烏龜總會向前跑了一點距離，就因爲烏龜走了這麼一點，亞希力斯永遠在他的後面，然後亞希力斯如果要超越烏龜，他又必須跑到烏龜現在的地方，烏龜又不管如何的慢，又往前走了一點，如此亞希力斯永遠跟在烏龜之後，永遠趕不上烏龜。

這表示着什麼呢？表示運動變化是不可能的，否則亞希力斯爲何趕不上烏龜？

三、飛矢不動的論證：我們看到箭射出之後，我們以爲箭是在動的，其實在每一個過程中，箭是靜止的。靜止加上靜止，永遠是靜止，不可能是運動。

四、把所有的運動變成虛幻：因爲兩種物體以相等速度，反方向在同一個空間之中進行運動之時，對靜止的第三物會發生不同的運動感覺，尤其是這兩種物體開始相遇時，對它們的速度感覺根本就會有所變更，因而動祇是虛幻的，靜止才是眞實的。

當然在我們唸物理時，我們知道齊諾所辯證的，多多少少屬於一種詭辯。因爲所有的運動是屬於延續性的，烏龜有它的運動速度的延續性，亞希力斯也有他運動速度的特性，這兩種特性，在同一時間之內，速度却是不同的；亞希力斯用不到在烏龜停留的地方逗留一會再走，運動是延續的，它一直往前跑。

「一尺之椎，日取其半，萬世不竭」的論證就是這個類型，因爲我們在賽跑的時候，用不着經過中心點停一停，運動是延續性的，不需要經過齊諾所謂的二點之間的中心點，再從這個中心點到終點之間的二分之一點；運動是從頭到尾一口氣跑完，亞希力斯可以趕過烏龜，箭可以從這邊射到那邊。所有運動之間的幻覺，應該等於二者總和才是靜止的第三者所觀察到的情形。

當然齊諾最主要的貢獻，並非在於他所謂的沒有運動是眞是假，而是在於他發展了西洋的辯證方法；辯證的方法，是人在與人交往的時候，每一方面都能運用思想的能力去針對外在世界或思想世界的定律。齊諾是第一位用了辯證法則的思想家，如果我們分析他的論點，不難發現他是遵從了他的老師帕米尼德斯的思想方法而得出來的。

齊諾認爲事物只有二種可能性，它或者是動的或者是靜的，它不可能同時又是動的、又是靜的，既然存在思想界的東西是永恒不變的，那麼凡是運動變化的事物都是虛假的；在他這種結論的背後，他有三點基本的假定：

㈠他覺得思想的世界，也就是存在的世界，卽邏輯的法則等於存在的法則。所以他在運動距離之間，其線段的劃分，在理論上可以無限制地分割下去，實際上却不可能。可是齊諾忽略了一點，也就是說他忽略了理論以及實際之間的二元分立。

㈡存在的事物和存在本身是相等的，而且每一種存在都是肯定的、積極的，沒有所謂的可能性。因此他把烏龜賽跑的速度和亞希力斯賽跑的速度看做是相等的，只是距離不等而已；事實上每一種事物的運動有它自己運動的速度，時間的問題可以加入討論；空間固然主要，時間問題也不可忽略。我們今日知道存在有等級之分，烏龜的速度和亞希力斯的速度相比較之下，前者就變成了消極的了，不是積極的；如果以亞希力斯的速度做爲「一」的話，烏龜的速度必然少於「一」。

㈢因爲存在是靜止的，存在的事物也是靜止的。這麼一來，主觀和客觀的認知就沒有差別。雖然現在我們知道的：認知是主客對立的統一，但是爲齊諾當時的理論，主體的認知以及主觀和客觀的認識完全是相同的。因此在運動場上，衡量的尺度完全是一樣的，他沒有算計到時間的問題，只注意到空間的問題。

就在齊諾的論證方法裏面，我們看清了伊利亞學派的主要課題，雖然在宇宙論之中是觀念界和感官界的二元，可是他們的起點還是知識論；而這知識論是針對着思想和存在之間的關係，在尋找這二者關係的時候，他們發現思想有法則，存在也有法則；然後他們要問的是，思想的法則和存在的法則是否聯得起來；最後結論出：思想就是存在，思想的法則就是存在的法則。

這種方式，奠定了西洋的知識，但是我們提及，無論是齊諾或帕米尼德斯或色諾芬尼，他們都用辯證的方法，辯證的方法是要把他們所討論的課題，或是知識論的課題——思想和存在之間的關係，或宇宙論的論題——觀念界和感官界的關係提出來討論，然後在兩者之中擇一，做爲眞正的知識或眞正的存在。

在伊利亞學派的結果中，我們可以從旁得到一些存在等級的問題，伊利亞學派本身也發明了二種不同的存在，第一種是積極的、精神的、思想的，另一種是消極的、物質的、感官的；雖然他們儘量想法否定感官世界的眞實性，可是因爲注意到思想的、精神的觀念界的世界，他們必然會襯托出感官世界和我們肉體的世界。

我們說的「存在」、「有」或「是」這些名詞本來只是形容一種東西，但是在伊利亞學派中，他們找到了通往形上學的道路，認爲這「存在」、「有」、「是」這些名詞所代表的可以是事物本身，這事物本身不再是感官世界中個別的、單獨的存在，而是觀念界共相的、理想的、屬於思想界的存在，他們把這種存在當做是宇宙的「太初」，而這宇宙的「太初」發展出世界，使這世界更爲進步。

最後伊利亞學派最大的貢獻，也是他們對西洋哲學影響最深的是，他們發現了人性的思想和人性的感官，這二者認知的能力，雖然他們否定了感官認知的能力，可是至少他們指出了，在消極方面，人還是應用了他們的感官，想辦法去尋找這個世界上的眞理，雖然感官找不到，却需要經過思想的修正和提拔，但是到最後，人還是有認識的能力，不只有能力去認識外在的世界，同時有能力認識自己本身。

這是說人不只是可以認識，同時可以反省，人不只是可以認識外在世界的事物，同時可以認識自己本身的思想，人不但可以把握住外在的世界，同時可以把握住自己的思想。

第二節　赫拉克利圖斯（Herakleitos, Ca 544-484B.C.）

史載赫拉克利圖斯生於厄弗所（Ephesos）城，在第六十九次運動會時（紀元前五〇四年至五〇一年），正是他的盛年時代，他放棄了皇家的司祭品位，曾強迫暴君梅朗可馬斯（Melankomas）退位；城民推舉他爲城邦立法，却因城邦腐敗到極點而不肯出山。傳說他因此隱居於阿祿特米斯（Artemidos）神殿中，常與孩童玩擲骰子遊戲。一次，許多城民圍着觀看，他忿然說道：「蠢人！有什麼好看的，難道在此地和孩子們遊戲，不比爲你們治理城邦更好？」他死時享年六十。

亞里士多德著述哲學歷史演變的時候，提到赫拉克利圖斯，用「黑暗者」或「昏暗者」來形容。由於他遺留下來的一百多張斷片中，以其思想深度而言，祇有我國的老子道德經可以比擬，使得後人無法清晰了解；可是亞里士多德最後還是提出赫拉克利圖斯作品中有二個重要的概念，一個是「Logos」即精神，另一個是感官世界的生成變化用 panta rhei，「萬物流轉」來形容。

赫拉克利圖斯學說最主要的背景，在開始時和伊利亞學派的背景是相同的，也就是說，他首先反省個人主體的認識能力，然後再用自己的這些能力對世界加以觀察，對外在的宇宙生成變化加以觀察；他在反省自己思想能力的時候，發現我們至少有二種能力，一種是感官的作用，憑藉感官的能力，我們可以觀察五花八門的世界；除了感官以外，還有思想的能力。

在赫拉克利圖斯的哲學中，思想高於感官，思想能修正感官的作用，感官的作用在具體方面雖然清楚，但是有時亦會犯錯。赫拉克利圖斯的哲學在開始的時候是用感官作用，結束却在思想的境界中。針對於伊利亞學派中的「只是承認思想、否定感官」的哲學而言，赫拉克利圖斯的哲學可以說是進步了；因爲他能夠用整體的人去認識整體的世界。

而最主要的是，最後赫拉克利圖斯能夠把這二種對象和人的兩種能力，以一種概念 Logos 去形容。Logos 這個字有老子道德經中「道」的深度，因爲它在希臘文中是「語言」，又是我們講出來的「話」，又是「原理原則」同時又是「精神」、「力量」的意義。所以當赫拉克利圖斯認爲我們認識事物、不管是透過感官或思想，我們如果想把這些思想表達出來的話，只有用語言來表達，而這個語言，不但代表了我們的思想，我們的思想藉着它表現，這個 Logos 本身是思想又是語言，是思想的本身又是使得我們表達思想的工具。

說得更遠一點，希臘哲學開始時都是追求宇宙「太初」的問題，追求人生「太初」的問題，或神明「太初」的問題，而赫拉克利圖斯把這個 Logos 當做是「太初」。

當然在他留下的斷片中，有這麼一句話：「宇宙的太初是火」。依照一般哲學家的見解，認爲這個「火」不是指實質，而是指形式。也就是說，這個 Logos 有生成變化的能力，這生成變化的能力比水、氣還要劇烈，變化的能力更大，最大的方式，能毀滅東西，而且能把髒的東西變成火焰；這個「火」在赫拉克利圖斯的哲學中，變成了一種象徵，這個象徵有如畢達哥拉斯哲學中的「數」的深度。

單就在先蘇格拉底期的一些思想看來，如果我們把泰勒士認爲的宇宙的太初是「水」，而亞諾西姆內斯認爲的「氣」，以及赫拉克利圖斯的「火」，畢達哥拉斯的「數」加以比較的話，則赫拉克利圖斯比較接近於畢達哥拉斯，因他說明所有的事物是屬於那種原理原則的變化，而不是提出一種元素的方式。

在另一方面，在赫拉克利圖斯留下的斷片中，我們可以找到關於宇宙的存在，赫氏有一種四個階層的構想，固然在最高階層中，他以「火」來表述，「火」下面還有「氣」，「氣」下面還有「水」，「水」下面還有「土」。如此「土」、「水」、「氣」、「火」是赫拉克利圖斯用來表示宇宙太初的方式。在這個方式中，他特別着重泰勒士的「水」，所以當他用感官的能力去認識這個世界的時候，他說：「投足入水已非前水」。這表示站在河邊，把伸入水裏的脚伸出來，再伸入水裏，這後來的水已經不是前面的水了。後來的亞里士多德把這種學說稱爲「萬物流轉」說。

赫拉克利圖斯觀察這個世界一切都在生成變化之中，都由生滅變化現象所統治；所以他提出了事物的存在有這麼四個層次，我們可以說他集了蘇格拉底以前學說的大成。而在這集大成之中，他認爲可以從存在最底層的「水」找出事物存在的原理原則；然後因爲它的生成變化可以用「火」的形式來表現。

說到這裏，我們可以知道赫拉克利圖斯的哲學在一開始時，先承認感官的能力；認爲人的感官有認識世界的能力，而世界的表現正好可以用我們的感官去把握，感官觀察宇宙得出的原理原則，就是變動，即「萬物流轉」。這種結論和伊利亞學派的學說相反，因爲後者只承認思想的法則和世界的不變不動，無法承認感官的作用，也不承認世界上有絲毫的運動變化；赫氏相信感官，認爲人的存在當中，感官是一部份，而且感官是人和外界直接接觸的部份，認識世界必得經過感官，至少感官可以給予我們最原始的資料，從這些資料中再界定原理原則，這原理原則在赫氏的哲學中就是「萬物流轉」。

可是在哲學的探討裏，如果一切的事物都在變動中，那麼如何解釋所有變動的最後理由呢？哲學是要追求最後的原因、最終的理由的一門學問，赫拉克利圖斯當然注意到這點，因此假設在所有的運動變化背後，有一個動因，有一個動能；而這個動能本身是不變的，所以只好用「語言」或「原理原則」的 Logos 這個字，去形容生成變化最後的原因、最後的原動力。

因此赫拉克利圖斯在他所有的斷片中，提出 Logos 做爲事物生成變化最終的原理原則，或最後的原因。

赫拉克利圖斯生長在厄弗所城，城內有一座神殿，其中供放了一座神像，神像叫 Delphi，德而非是個女神，以很多的乳房做象徵，她是有「生」的能力，能夠養育很多小孩子的力量，相傳赫拉克利圖斯在年老的時候，把自己的作品呈奉給這位女神，而這女神整個「生」的原理，赫拉克利圖斯用 Logos 來表現；然後由這 Logos 出發，著述了他的作品，以致有今日遺留下來的一百多張斷片。

因爲赫拉克利圖斯在整個知識的探討裏，首先注意到人的認識能力，有感官和思想兩部份，感官和思想恰好與人的肉體和靈魂相對；在認識的對象裏，是感官接觸到的所有變化的事物，生成變化以及生滅的現象，在這些表象的後面，可以用思想歸納出一個 Logos，歸納出生成變化最終的原理原則，這個 Logos，終究又是人的思想本身，這麼一來，赫氏的知識論裏面，最高的主體與客體的接觸點就是這個 Logos。

Logos 下面分爲主體和客體，主體是感官作用，客體是生成變化的現象。如果我們要研究赫氏的思想，首先要注意到的是主體和客體的二元，但是這個二元統一在人的思想和存在的原理原則上面；赫拉克利圖斯總認爲我們的思想和外面的存在是一體的兩面。如此他在大部份的斷片中，討論上層的世界，卽所謂的思想世界，在思想的對象而言，屬於 Logos 的世界；在這個世界裏面，具有一種特性，就是能夠把所有矛盾、相對的東西，統一成「和諧」。

前面已經提及畢達哥拉斯的學說，畢達哥拉斯的學說也是用這種方式，把人生中所有的矛盾、憂患、痛苦、統一到內心的「和諧」之中；不過畢達哥拉斯所提到的是人生的問題，所追求的是人類心靈的平安、平靜。赫拉克利圖斯所追求的是整個宇宙的和諧，這整個宇宙的和諧，統在思想界或理念界或 Logos 的境界，下面的表象都屬於 Panta rhei「萬物流轉」；在「萬物流轉」裏，出現了各種不調和或矛盾相對的東西，這些東西，就整體而言，是一個雜亂無章的世界，可是在這些衆多雜亂無章的感官世界之中，正是可以抽出一個原理原則，卽所謂的 Logos 它或是「精神」、或是「道」，或爲「語言」、或爲「思想」，同時能夠使所有的對立變成統一，把所有的矛盾變爲統一。

所以就赫拉克利圖斯的哲學而言，首先要注意的是，要把所有雜多的變成統一，所有矛盾的變成統一，所有相反的，變爲和諧，這個「和諧」的概念，是要把這個世界的整體中，存在與存在之間有多少的矛盾與不和諧，都變爲和諧與統一，這種宇宙一體的觀感，可以說是哲學的一種高峯，西洋哲學在蘇格拉底以前，已經開始邁向了一個目標。

赫拉克利圖斯哲學，第二部份所注意的是人事問題。他探究的問題是，我們人如何生存在這個複雜的世界上，這個複雜的世界，表面上看起來是很複雜，生成變化，生滅現象，這些後面有一個原理原則在支持它，就是 Logos，卽理念界的思想，就是所有存在最終的原理原則和最終的原因；人生在這個世界上，希臘所追求的是「智者」，是愛智的哲學家，而在赫拉克利圖斯的思想之中，什麼樣的人才是一個「智者」呢？

「智者」固然會用感官，知道世界的「萬物流轉」，可是他更有思想，知道在萬物之後有一個和諧的能力，有一個推動所有事物井然有序的統治者或動力，所以他提到「智者」，一定得看到所有對立的統一，而且必得躬身力行所有和諧的理想，才是「智者」或「哲學家」。

如此，赫拉克利圖斯的學說和畢達哥拉斯的學說，又走到了同一點之上，因爲赫拉克利圖斯的智者，開始的時候固然有感官的作用，但是後來又得超越感官的作用，用回歸內心的方法在自己的靈魂中尋找這個和諧的中心點或這和諧的「太初」，尋找自己個人存在的根本。赫氏也覺得如果人能夠在自己二元的內心裏，尋找到存在的起點，這個起點必然也是外在世界的起點，他無以名之，所以稱爲 Logos，或「道」、「原理原則」、「思想」、「語言」、「精神」。

這麼一來，人類的心靈和宇宙的精神合而爲一，所以在精神來到這個世界上的意義而言，赫拉克利圖斯就超越了畢達哥拉斯的學說。他認爲不再是靈魂被禁錮於肉體之中，主要的是靈魂或人類的精神，降凡到這個世界上來，統治這個雜亂無章的世界，使其變得井然有序，也就是 Logos 降凡的一種意義。

我們在厄弗所城裏，經過了五百年以後，也出現了一個大的思想家，即基督宗教裏的約翰。約翰是基督的弟子，曾經寫了一部聖經，聖經中也提及 Logos 降凡的事實，以說明天人之間的關係；赫拉克利圖斯在他的斷片中，亦有此種的氣氛與境界，因爲他也把人的精神降凡到這個世界上，變爲宇宙的精神，人的和諧變爲宇宙的和諧，把人的所有二元走出來的對立的和諧或矛盾的統一，使得宇宙走進和諧統一的境界。

從這個觀點看來，伊利亞學派所追求的宇宙的唯一性，精神和物質合一的方式，伊利亞學派當然否定了肉體的價值；可是赫拉克利圖斯的學說，包容了兩種存在，雖然這兩種存在有層次上的差別，可是在存在的統一性上，精神和萬物流轉。是合而爲一的，這個一體是兩面，一面是本體，另一面是表象。如此，赫拉克利圖斯的學說，可以看成爲包容了他以前的哲學家的長處，尤其是他開始的時候，站在對立的方式，和伊利亞學派對立，最後我們可以這麼結論：他是到達了能夠統一伊利亞學派，也能放棄自已觀點的一個博大精深的哲學家。

如果說伊利亞學派強調宇宙靜的觀察，思想裏面靜止的存在當做是宇宙的眞象，則赫拉克利圖斯發展了宇宙另外的一面，「萬物流轉」，宇宙動的一面。我們在哲學探討中，知道事物動的原理和它靜止的情況的話，就算把握住了客體，所以在希臘哲學的發展裏，動和靜二種原理的發揮或這兩種原理的把握，可以說在哲學史上又邁進了一大步，這一大步的功勞當然首推伊利亞學派和赫拉克利圖斯。

這種動和靜的觀察，對往後西洋哲學的發展，有決定性的成果，因爲從伊利亞學派的學說看來，思想才是眞實，由思想想出來的才是眞實的，思想的法則影響了後來理性主義的法則——思想才是存在，想不通的就是不存在。可是赫拉克利圖斯所發展的路線，卽感官亦可以得到眞實，而在這後頭有思想輔導感官，這學說影響了後來的經驗主義，認爲感官也是知識的尺度。

第四章 「唯心」與「唯物」之爭

在第三章裏，我們追溯了動和靜的哲學，在動和靜的哲學裏，我們發現了主體的感官和思想的二元對立，同時也發現感官和思想的對象，有感官事物的表象以及表象後面的本體的分野。這些劃分發展到後來，就有唯心與唯物之爭。

所謂唯心，是相信思想，認爲如果有一種事物的存在，我們想不通的話，它就不可能存在；我們只好犧牲感官的作用去遷就思想的法則。

所謂的唯物，是我們必須憑藉感官，只是感官的作用才是眞實的，如果有一種思想無法以感官做檢證的話，那麼這思想就變爲空想。

在這第四章中，我們可窺探出，在希臘前期已經開始了哲學中最困難的心物之爭的問題；因爲在這個困難之中，學者們開始選擇自己要追求的對象，而且所用的方法只是適宜於自己結論的方法。凡是對自己結論不利的，甚至是有害的思想，只有存而不論，摒棄它們，這麼一來，客觀的研究方法慢慢受到摧殘，代之而起的是主觀的思想。

唯心與唯物之爭，最先開始的，當然是反對前面提及的研究方法，尤其是尙未脫離神話時代的思考法則；而完全着眼於宇宙物質層次的研究。前面一些思想家所提到的問題都是宇宙「太初」的問題，現在他們要討論的是宇宙的「原質」問題。宇宙是由何種元素構成的，這些元素究竟具有何種性質能夠推動整個世界，究竟人類的精神或靈魂，甚至宇宙的精神是否由比較精密的物質所構成；這種探討的方法就是唯物論探討的方法，在開始的時候，還無可厚非，不過只是停留在物質的層次，到最後結論超越了物質的層次到了精神的層次，仍然以物質的法則去界定精神的法則的話，這就是唯物論的學說。

唯心論相反，認爲人思考的法則即邏輯的法則，永遠是高於物質的存在；存在需要用思想去界定，思想想不通的就不可能存在。如此唯心的思想和唯物的思想就開始對立，在西洋哲學的發展歷史中，前二千多年就開始了這種競爭，競爭到後面的結果，在以後的章節裏仍會提到，是唯心論的勝利，甚至唯心論佔了絕對的優勢。因爲二千多年之後唯物論才能夠在西洋哲學不景氣、衰竭之下，混水摸魚的形態下再次出現，西方十九世紀後半期才眞正地出現了唯物論的思想。

前面的唯心唯物之爭後，幾乎都是發展了唯心論的學說，長達二千多年，究竟在開頭之時，唯心唯物是如何的爭論，我們在今日世界分爲民主與極權、唯物和唯心的二種極端社會，我們就想知道在原始的唯心與唯物的爭論的情形。在這一方面分爲兩節來討論：第一節討論唯物思想的起源，第二節討論唯心思想的起源。

關於唯物的思想家，當時稱爲機械論派（Mechanismus），機械論學派的代表人物一一列於下面；唯心論舉出一個大的思想家。前面的米勒學派所探究的是宇宙論的問題，畢達哥拉斯所談的是人生的問題。後來伊利亞學派和赫拉克利圖斯所談的是兼顧宇宙和人生的問題。他們不管如何去討論宇宙或人生，或兼顧宇宙和人生的問題，都是比較重視宇宙「太初」的問題，從現在開始，以後所討論的就比較重視宇宙「原質」的問題，他們認爲宇宙的生成變化和生滅現象，是否可以用機械的方式去解釋，還是一定得用精神的方式去解釋。

第一節　機械論學派三鉅子

機械論學派是西方最早的唯物論學派，所主張的是宇宙的「原質」問題，也就是說要討論宇宙是什麼東西變成的，就在他們的討論之中，他們迷於宇宙的物質層面，而忽略了它的精神層次。這個學派有三大思想家，他們把以前的「太初」問題，改爲宇宙的「原質」問題，原來「太初」問題所探討的是，每一種東西外來的力量使得他生成變化，在神話中是神明的力量，哲學開始之時，是內在的二元中的精神力量，現在機械論學派的三鉅子，要提出「原質」的問題，用內力的方式，認爲原質的本身，就有這種力量，使得自己生成變化。由於這些元素本身的力量，經過生成變化之後，成爲現在的世界，而它仍然會繼續地演變下去。

一、恩培多列斯（Empedokles Ca. 492-432 B.C.）

史載在奧林匹克第八十四屆運動會之時，是恩培多列斯的盛年。那時他居住於亞克拉加斯（Akragas）城裏，他爲人謙卑，在精神生活中幫助城民擺脫驕傲，尤以仁德德行做表率，使城民和睦相處，而且亞克拉加斯城異常貧瘠，他設法改良水利，使土地肥沃，增加生產；當時此城屢有瘟疫等病，恩培多列斯又發明藥物，消除疾病，帶給城民康健。

由於他在百姓之間的聲望，城民擁戴他爲領袖，主管政事，可是他却不接受，願度恬淡的一生。亞里士多德著作中記載他活了六十歲，可是歷史記載他的死亡不詳，史家希波波陀（Hippobotos）記載他年老之時，到西邊愛杜亞（Aetua）地方，跳進火山去了。弟邁阿斯（Timaios）則說他去了培羅盆內（Peloponnes），而一去不回。恩培多列斯的生活原則是：去尋找一個明智人。可是在六十年的歲月中，最後他結論說：因爲在這個世界上，找不到一個有智慧的人，就只有自己必須先成爲智者。

恩培多列斯在學術上，非常崇敬帕米尼德斯和畢達哥拉斯，他跟着帕米尼德斯的理由是，因爲後者有清晰的思想，而且能夠在衆多的宇宙現象界後面，看到了整體與唯一性；對畢達哥拉斯的崇拜是因爲後者很會生活，生活在世俗中，又不爲功名利祿所誘惑，安然過着內心平安的日子。所以恩培多列斯的內心是安靜的，雖然他的學說偏向於唯物論，可是內心的生活和實際的生活還是注重內在的、精神的。

在探討了宇宙的「原質」問題之時，恩培多列斯綜合了前人的學說，即他綜合了以前關於「太初」問題的答案，把前面所提及的，如泰勒士的「水」，赫拉克利圖斯的「火」、亞諾西姆內斯的「氣」，拿來做爲宇宙的元素，這些元素不是充滿神明的東西，而純粹是物質。恩培多列斯在「水」、「火」、「氣」三種元素之後，又加上了「土」，共爲四元素；認爲世界是由這四個元素所構成的，由於這四個元素的生成變化和互相組合、分離，而成爲如今世界的現狀。

這四元素之所以會分會合，是因爲它們本身有愛和恨的力量，由於它們相互之間的愛而結合，因爲它們相互之間的恨而分離。分離的最終是滅，合的最終則是生。分合的現象也就解釋了世界上的生滅現象，同時解決了世界上生成變化的現象。

恩培多列斯不只是用單線進行的方式，以四元素解決了宇宙的生成變化和生滅現象，同時又用系統的方式，解釋宇宙的週期變化。因爲整個宇宙的變化是有週期性的，而這週期的開始，是由水、火、氣、土四元素用愛來統治的。這四元素都在統一的、合的情況下出現，這種情形等於伊利亞學派所主張的，整個世界是合一的，而且在思想上是完全想得通的，它存在就是存在，是同一律的一種表出。但是整個世界的變化中，愛統治的時期並不長久，在愛統治的同時期，慢慢地又出現了恨，也就是說在水、火、氣、土四元素之間，不只是有愛，也隱含了恨的種子，恨使這四元素互相分離。

所以宇宙的週期，在第二期之中，有愛也有恨，愛使所有的元素統一，恨使所有的元素分離。這種愛和恨的衝突，慢慢地恨取代了愛，變成宇宙週期的第三期，也就是整個的宇宙在分離的狀態，在運動變化的狀態之中，沒有東西是靜止的。此種情形看得最透徹的是赫拉克利圖斯，是他提出「萬物流轉」的原則，來形容感官世界的變幻無常。恩培多列斯認爲赫拉克利圖斯的「萬物流轉」就是他所謂的宇宙第三週期，這期的特性是，以內在恨的力量，去統治水、火、氣、土四元素，使它們永遠在分離的狀態中。

但是事物的本質內，不只是有恨，還有愛，當恨到了極點，也就是宇宙的元素的「萬物流轉」到了最後之時，愛又慢慢地出現，統治了所有的分離的元素，使它們再合而爲一，以致於最後愛的合比第一期的愛的統治更完美，因爲前面的愛是使四元素互相融合、互相統一，可是第四期的愛，已經統一了所有的合和分，統一了所有的元素，以及所有元素經過分和合的型態。

這也就是他統一了所有的對立和矛盾，從這四個宇宙元素水、火、氣、土的分和合，以及後來統一了矛盾和對立，使得恩培多列斯把這種原理原則，應用到人生的層次之上。他認爲一個智者、聖人或完人，都應該在自己的內心，能夠統一自己整體，能夠在各種分和合之間安身立命。這也就是恩培多列斯從宇宙論走向人生論的一條道路。

恩培多列斯在知識論上還有一個貢獻，即提出相同的只能以相同的去認識；這是指在宇宙論中，水、火、氣、土四元素的分和合，我們一定先得把握住它們的根本，整個世界的生成變化及生滅現象，都是由水、火、氣、土四元素演化而來的。如果我們能把握住水、火、氣、土的變化，也就能把握住整個世界的生成變化以及生滅現象，甚至可以用愛恨的根本主體去統一所有的矛盾與對立。

就在這分和合、愛和恨、雜多和統一的原則之下，恩培多列斯至少統一了赫拉克利圖斯及伊利亞學派的兩種互相反對的學說，他承認赫拉克利圖斯的「萬物流轉」是個事實，他同時也承認伊利亞學派的「唯一」也是事實，而人生應該把這兩種學說一併採用，看清楚了世界的變幻無常以及永恆的價值，所以恩培多列斯本身而言，他要離開政治，安渡靈修生活，即脫離這個世界又生活在這個世界的安靜孤獨之中。

在恩培多列斯的學說中，水、火、氣、土四元素，是一種關係，這種關係可以用赫拉克利圖斯「萬物流轉」的學說來解釋；但是，在這關係之後有一種原理原則，這種原理原則是使得這四種元素而且是元素與元素之間的關係，再得以統一，統一在一整體的生成變化的原理原則之中，再以這原則去統一所有的雜多；如此在恩培多列斯的哲學中，仍舊討論到「一」與「多」的問題，而這個「一」與「多」最後仍舊要統一起來，變成統一的，同時有「一」又有「多」的宇宙論。

這種宇宙論應用到人生的層次的時候，人世間雖然有雜多的事物，但是內心是平靜的，可以是純一或單一的。

亞里士多德在他的形上學的著作中，提到先蘇格拉底時期的哲學問題有三個：一個是討論原因，一個是討論太初，另一個是討論原質。機械論學派所討論的是原質的問題；這原質的問題，雖然是這三個問題中的一個，但是以時間的先後而言，它是發生在後期，因此沾了前人很多的光彩；能夠利用前人研究的成果而發展出更近於哲學的學說，更屬於哲學核心問題的學說；也就是他能把知和行的問題統一起來，能把宇宙和人生的問題統一起來。

恩培多列斯最大的貢獻，也就是指，雖然他的學說是唯物論的，但是在他的生平裏却不相信唯物論；他認為唯物裏面有愛和恨的作用，使得物質分合，有了生成變化和生滅現象，人性也可以在這個複雜和動亂的社會裏，內心裏却建構起一種單純的與平靜的生活。

二、雷其博斯（Leukippos）

哲學史家記載雷其博斯的文獻很少，常常把他和德謨克利圖斯放在一起討論，稱他們做原子論的學者（Atomisten）。現在從歷史中，我們所知道的，大都屬於德謨克利圖斯的記載，關於雷其博斯的部份，只保留了他的名字，他的學說被人歸併到德謨克利圖斯的學說之中。

對於雷其博斯的生辰忌日或生於何地，死於何地，至今沒有定論，不過就我們所知道的，他可能生於米勒（Miletos）或伊利亞（Elea）。這都是當時希臘海島的島名。以後他和德謨克利圖斯成爲好友，經常在一起，因此後人把他們二人的學說寫在一起，甚至他們的生死年月都寫在一起。

三、德謨克利圖斯（Demokritos Ca. 460-370 B.C.）

史載德謨克利圖斯，幼時曾到埃及，跟當地的教士學習代數，亞里士多德讚美他的學說清晰，剛好和赫拉克利圖斯的學說相反，因爲亞里士多德曾經稱赫拉克利圖斯的學說爲「黑暗者」或「暗晦者」，却稱德謨克利圖斯爲「光明的人」。

德謨克利圖斯的學說，最主要的是，提出恩培多列斯以爲水、火、氣、土是宇宙變化的元素，而他認爲這四個元素太多了，在這四個元素後面，還會有一個比它們更早更根本的元素，德謨克利圖斯稱之爲「原子」（Atoma）。原子與原子之間，只有量的多寡，却沒有質的差別。這麼一來，世界上每一種東西都是由原子構成的，只有原子量的不同，原子與原子相互之間在質上是沒有差別的。這種原子只有量的多寡，而沒有質的差別的狀態，加上空間，再加上原子本身的愛和恨，使得原子有分、合的現象，愛使得原子與原子結合，恨使得原子與原子分離，愛到極點就是生，恨到極點就是滅。所以生滅現象和生成變化的現象，都是由原子與它本身的愛和恨，以及外面的空間場所，當做它們生成變化的機會所構成。

所以恩培多列斯的水、火、氣、土四元素，在德謨克利圖斯的原則之下，它們也是由原子構成的。這個原子是純物質的，它沒有任何近似於精神能力的東西。

伊利亞學派覺得存在是不變的，可是德謨克利圖斯却覺得所有的東西都在運動變化之中，而這運動變化都是因爲原子與原子之間的關係，又原子與原子在空間的活動，以及原子與原子之間的愛與恨。

在這裏，我們可以看出恩培多列斯至少認爲宇宙的元素是多的，卽水、火、氣、土四元素，雖然生成變化出來的宇宙可以變成統一的，可是「一」和「多」依然是併存的關係，在「一」裏面有「多」的存在，在「多」裏面有「一」的元素。德謨克利圖斯却要把這種「多」去除，原子的「多」是量的多而不是質的多，所以整個世界是由單一的，唯一的原子所構成，這原子量的多寡，使得世界的生成變化，有一種原理與原則可循。

因爲量的多寡，解釋了事物本身的形態，可是我們認爲主觀方面的問題，德謨克利圖斯就無法解釋了。他如何分辨我們的視覺與聽覺之間也是原子愛與恨的關係呢？因此德謨克利圖斯跟着伊利亞學派的方式，否定主觀的感官作用，同時否定外在世界聲、色、香、味、觸這五種現象。如此感官所抵達的一些「質」方面不同的東西也加以否定，認爲所有的東西都是物質的，而且只是物質，感官的作用屬於主觀的，不存在的東西。

德謨克利圖斯的原子世界是客觀的，他不得不把所有主觀的感官的感受袪除。在他的客觀世界中，原子並非完全充滿了整個宇宙，原子與原子之間還有很多的空間；如此德謨克利圖斯又發明了「眞空」的概念，認爲原子與原子之間，原子的集團與集團之間，也就是說物體與物體之間是眞空，「眞空」這個概念在希臘哲學之中，是和「存在」的概念一樣重要，也一樣古老；因爲存在必需佔有一個空間，而這個空間必需是眞空的，也就是說，在它裏面沒有別的東西，因爲沒有別的東西，這個物體才可以置身其中。

德謨克利圖斯用「空間」這個名詞，使得他的原子與原子之間有活動的餘地，他把原子和眞空聯結起來，其間的過程就是運動；如此「原子」、「眞空」和「運動」，就構成了德謨克利圖斯宇宙的眞像，這種現象顯然是機械性的，所以我們稱之爲機械論學派。因爲原子在空間的運動，用不到任何神秘的力量，原子因自己本身的愛，會走向另一個原子而與之結合，原子與原子互相之間有恨的話，就會使它們互相分離、在空間開始運動。

所以宇宙不再有像「太初」問題所探討出來的神明，或是神話時期所認爲的神明，在這個世界上活動，一切都用物質本身的愛和恨來解釋。

當然德謨克利圖斯沒有違反因果的原則，他認爲雖然一切都是機械式的，却有因果；而在因果系列中最先的因，就是原子；原子能利用本身的愛和恨當做工具，以產生果，而宇宙間的生成變化和生滅現象就是原子愛和恨的果。所以宇宙的現象是因爲原子本身的愛和恨，空間的運動，以及由此而產生的生成變化所造成的。

第二節　亞那薩哥拉斯（Anaxagoras Ca. 500-428 B.C.）

由於前面的機械唯物論提出世界的原質是原子，而原子與原子之間，只有量的關係，沒有質的差別，亞那薩哥拉斯首先對德謨克利圖斯提出質詢：如果每一種事物與別的事物之間並沒有差別的話，我現在想請問，不是頭髮的東西，如何變成頭髮呢？不是肉的又怎麼會變成肉呢？

從歷史的記載中，我們知道亞那薩哥拉斯是一個禿頭的人，他想了很多方法，要使自己能長出頭髮來，他看到別人並沒有吃頭髮，却長出頭髮，他看到自己吃的是蔬菜，而不是吃肉，却長出肉來，原來亞那薩哥拉斯的生活方式是按照畢達哥拉斯的方式，所以不食肉，但是爲什麼不是肉的會變成肉呢？這就是他對機械唯物論所提出的質詢。

從這個質詢開始，他覺得要解釋宇宙萬象的生成變化，不應該只用物質的元素，或是機械變化的法則去解釋，而應當在物質或機械法則之外，另外去尋找物質生成變化以及生滅現象的原因。

史載亞那薩哥拉斯，生於第七十屆世運會之時，他在雅典開始讀哲學，他死於第八十八屆世運會中的第一年。在他給後人遺留下的斷片中，最主要的是關心宇宙的起源問題，關心宇宙的原質問題。他最先提出太陽是一些廢鐵在那裏燃燒，是純物質的。亞那薩哥拉斯提出這個嚇人聽聞的消息之後，給自己惹來了很大的痲煩。因爲當時希臘人崇拜太陽神，以爲太陽是一個神明，有無限的力量，當時的亞那薩哥拉斯認爲太陽只是物質而已，是燃燒的一堆廢鐵，因此國家就判他死刑，充軍到殖民地去。傳說法官在判他死罪之後，問他是否有留言，亞那薩哥拉斯回答說：「法官，大自然早就判了我的死罪，我有生，當然也會死，你不必再判我的死刑，多此一舉呢？」。亞那薩哥拉斯被充軍以後，他唯一的兒子也去世了，當家僕派人傳信到他那裏的時候，亞那薩哥拉斯仍舊處之泰然，他說：「我早就知道，我生了一個會死的兒子。」

亞那薩哥拉斯的著作，和其它先蘇格拉底時期的哲學家們一樣，寫了一本「論自然」的作品，在這本作品中，最主要的是關心宇宙生成變化問題，特別是宇宙原質的問題，同時也涉及到人生的各種生成變化問題，譬如他發現有生必有死的原則，這是對宇宙和人生很有深度的認識。

在古代，唯物與唯心的辯論中，唯物論可以說是解決了現象，解釋了事物生成變化的外表，他們看清楚了事物的變化，不外乎是事物的原質的分離和契合，原質的分離契合成了宇宙的生成變化，機械論的成果是用張開的眼睛去看事物，用一種客觀的事實去分析宇宙萬物的生成變化，亞那薩哥拉斯所追求的，不只是事物的外表或現象，而是設法透過事物的外表和現象，走向事物的內部，走進事物的核心，也就是說，他要用閉着的眼睛，去思考事物生成變化的原因。

如此，除了機械唯物的變化以外，除了物質的元素之外，除了物質本身具有的愛與恨的力量之外，亞那薩哥拉斯找到了一個統一的「精神」。因爲精神體內在於物質體之中，使得物質有恨與愛，所以亞那薩哥拉斯找到了一種事物內在的最終原因，他認爲這個原因是整體的，它不是一個原子和另一個原子之間的關係，而是一個原子爲了發展自己，而對其它的原子所發生的關係。機械論學者所能解釋的，只是量的變化，而這量的變化後來竟越界到質的變化，亞那薩哥拉斯想法用質變的方式去解釋量變，因爲他要解釋出一個人，如何具有一種統一性，這統一性就是他的精神，精神使得他能夠使一些不是頭髮的東西變爲頭髮，把一些不是肉的東西變成肉。

這麼一來，機械論所提出的。世界生成變化的原理，因爲是靠原子本身的愛和恨，它本身是盲目的，可是如果用精神來解釋的話，它就是有目的的了。所以一個瘦的人吃了別的東西，自然會使這些東西變成肉，一個禿頭的人吃了不是頭髮的東西，就會長出頭髮。也就是說，生命的整體性，經過消化作用，會完美自己本身。

這目的性的發現，早在伊利亞學派已經開始萌芽，尤其到了後面的蘇格拉底，他清楚地表明，自己之所以在監獄中，並非表示自己的肉體需要佔一個地方，因爲如果肉體需要佔個地方，也不一定要在監獄之中，蘇格拉底認爲他之所以在監獄之中，是由於自己的選擇，他有一種目的，是因爲他遵守國法，這個遵守國法的動機，使得他在監獄中待刑。

因此亞那薩哥拉斯的哲學是設法透過機械唯物的解釋，走向目的論的解釋。這種目的論的發現，使得亞那薩哥拉斯的哲學有不可磨滅的貢獻。我們總括他的貢獻，有下面三點：

1. 新的因果關係的發現：

這種發現是有目的性，而且是生命體選擇的目的，超乎了整個的機械，目的的選擇超過了整個物質的條件，而更超越了物質的元素和元素之間的關係；因為依照機械論的說法，元素與元素之間，只有量的多寡，而沒有質的差別，可是在自然界的現象裏，特別是人文世界的現象裏，目的是超越了機械，因為不只是有量的變化，而且有質的變化，就像不是頭髮的東西，變為頭髮，不是肉的東西變為肉。

2. 新的存在範疇。

因為亞那薩哥拉斯可以指出，除了物質之外，還有駕馭物質的精神存在；而且精神存在是高於物質的，因為他能夠使物質發生質的變化，從一樣東西變成另一樣東西。

3. 新的動的原理的發現。

這種精神的動力，不一定內存於物質，它可以在物質外面；也就是說，我們不一定在物質的元素裏面，找到這種精神的動力。它可以跟物質同時存在，而不屬於物質的東西。

當然我們在亞那薩哥拉斯的學說裏，要特別注意的是，雖然我們把他當做唯心論，可是他並沒有忘記物質，而他的唯心論，是他研究機械唯物的學說所得出來的。比方說，他認為太陽只是燃燒的一堆廢鐵，或人有生就有死，這些現象是靠我們的感官所得到的，而不是藉着空想得出來的學說。

亞那薩哥拉斯在觀察了所有的生命現象以後，認為世界上一切的元素，尤其是由元素構成的個體，充滿了精神，因為這個精神才是使物質與物質之間聯在一起，使物質與物質分離，使得每一種東西，由於某種目的，而變成另一種東西，這也就是亞那薩哥拉斯所提出的針對機械唯物論學說的目的論證。

亞那薩哥拉斯是從個人生活的體驗，以及對具體世界的觀察，才結論出：宇宙的生成變化，不只是機械式的，而是有精神的作用在內。由於這一種結論，他傾向於唯心的說法，也就是說，所有物質的、機械的，都有某種目的的選擇，才是眞正的世界萬物最後的眞象。而機械的定律，以及盲目的成果，唯有在目的解釋之下，才能存在；更進一步，目的論才能夠使宇宙成爲一個整體。

亞那薩哥拉斯在他的「論自然」著作中，指出宇宙萬物是一體的，有一種精神在支持和領導。可是每一樣最小的事物也跟整體的宇宙相同，目的是向着完美自身去發展；就在這些發展之中，它們必然的現象是由小到大，由部份到整體，這些大小、部份和整體的關係，都是由世界上對立的東西所構成的。例如潮濕和乾燥、冷和熱、光明和黑暗……等對立的事物。

而在這些對立的事物背後，有一種精神在支持着所有的對立，使得世界不會因爲分裂而毀滅，而能由於分裂和綜合、統一的相互交替作用，使得世界成爲萬象，成爲千變萬化的世界，但是却又永恒地存在下去的世界。

由這第四章唯心與唯物之爭的探討中，我們很容易發現屬於機械論學派的，易於忽略精神生活的一面，可是屬於唯心的亞那薩哥拉斯，却沒有忽略物質生活的層次。所以，哲學注意到整體的問題，無論如何，唯心論是比唯物論高了一層，所重視的範圍也廣了一些。雖然如此，唯心論的發展有時候也會走向極端，卽有時候也會忽略人類日常生活以及具體生活的層面，把自己的生活一味地提昇到雲層之上，提昇到一個完全不合實際的理想國，變成幻想而無法實現的世界，這種可能的現象，有時會變成事實，這也就是在下一章要討論的課題。

第五章　唯心論的極端發揮——

詭辯學派的興起與發展（Sophistes）

前面從第一章到第四章裏，從神話時代到唯心與唯物之爭的哲學思考，我們可以發現哲學思考的每一個發展過程，都注重宇宙和人生的問題，而且都想辦法把我們這人生安置在宇宙裏面，使我們的生活能夠頂天立地。因此眞正的哲學派系，特別重視精神與物質並重的問題；就在上一章裏提到的，機械論想辦法用單純的物質來解釋宇宙和人生的嘗試，亞那薩哥拉斯用一句詢問：不是頭髮的，如何變成頭髮？不是肉的，如何變成肉？亞那薩哥拉斯這句問話，希臘的唯物論可以說就倒下去了，一躺就是二千多年，直到西方精神文化衰退的十九世紀後半期，才再度出現。希臘哲學自從亞那薩哥拉斯的唯心論得勝之後，一直站在唯心的立場，用人性精神的探討，去把握外在的物質世界，去解釋人生與宇宙的關係。

唯心論的極端發揮，即注重精神方面，而忽略物質生活的層次，忽略了人生除了理想之外，還有現實的一面。因為詭辯學派所重視的，是人生理想的一面，根本不探討宇宙的眞象問題，所以蘇格拉底前期的宇宙問題根本不討論，宇宙的眞象問題，甚至也不感興趣，所感興趣的是人生，人生如何在這個世界上安身立命。不幸地，在探討人生的問題之時，他們只注重成功、充實，他們害怕自己的失敗和空虛，就在追求成功和充實的道途之中，他們所嚮往的是政治的權力，所以他們把利害的關係置於前頭，把是非的觀念放在腦後。

我們之所以在這裏另闢一章，來探討詭辯學派的興起與發展，理由是在哲學的變遷之中，人的理性或悟性，有時候會走向偏差；不過在哲學思想上的偏差，也有它的好處，因為我們今天知道了昨天的錯誤，明日就可以改正過來，所以詭辯學派的錯誤是一開始的時候，完全以人做中心，即以人的利害關係，特別是當前的利害關係，做為探討的重點，那麼一開始，詭辯學派就算走錯了路，因為他們根本不重視宇宙對人生的影響，根本不探究宇宙是什麼，人生應該如何在宇宙當中定位，在現實的世界中做一個頂天立地的存在。

可是詭辯學派對於後來的哲學工作，仍然有所啓示，這些啓示可以分兩方面來討論：

一、對象方面

因為哲學的對象在開始的時候，是注重宇宙和人生的問題，那麼同時在人的身上，發現有精神和物質的對立，即有感官的世界和觀念世界的對立。這種對立，在哲學的探討中，有很大的阻力，即我們不只要注意今生的問題，也要顧及來世的問題；不只是要注意此世的問題，而且還要注意彼岸的問題；而來世和彼岸的問題，通常都用神話作解釋，如果某一學說只停留在神話的階段，那麼它就屬於大衆的信仰，而不是獨立的思考。獨立的思考必須走出神話的範圍，必須自己對今生的宇宙和人生的問題，有一完整發揮的餘地。

詭辯學派以前的哲學，可以說都是停留在這些對立的問題上面，都停留在這些對立的極限上面，而無法回歸自己的內心，眞正地運用思考的主觀法則，去衡量外面的客觀世界。我們雖然在伊利亞學派之中，幾乎找到了完全依賴邏輯思考的方式，去處理宇宙和人生的問題，但是最後他們仍然要屈服於現實世界的感官問題，仍然要把這虛幻的世界拿來討論。帕米尼德斯的宇宙二元的說法，就是最好的例證；他雖然口口聲聲地認爲感官世界是虛幻的，理念界才是眞實的；可是，在他的詩篇中，還是利用了大半的篇幅，去討論自己以爲虛幻的感官世界。

由這點看來，證明帕米尼德斯還是在思惟的世界中，多多少少地無法擺脫感官世界的束縛。

詭辯學派就不同，他們根本不重視客觀的、具體的世界問題，而儘量想法以思考的法則去界定宇宙和人生；在界定宇宙存在的法則方面，一點也不提及任何具體的東西；而在人生的問題方面，完全注重現實的、目前的利害關係。我們並非說注重現實和目前的利害關係，是人生最主要的東西；我們所要提出的，是一種主觀的思考能力，究竟在哲學史上有多少的價值，它如何使我們的知識，由客體拉回到主體裏面；這種由客體拉回到主體的變遷，可以說是人類思想更成熟的一部份。

譬如說，某人在感官世界中，接觸到很多東西之後，能夠回到家裏，關起門來，透過他的藝術天才，畫一幅剛才看到的情景，這種畫是一種藝術的境界，比感官的境界還要高；又如一個詩人看到或感受到一種印象，他用詩歌的方式表現，這種詩歌的表現方式，比剛才樸素的描繪要高明得多。所以站在哲學的對象而言，詭辯學派爲哲學開闢了另一個哲學境界。

詭辯學派所注意的，不是知識客體的東西，不是宇宙本體的問題，而是注意到個人思想的問題，注意到主體如何去思考，注意到主體用何種方法去思考。如此詭辯學派把人生問題中的思考問題，當做他們反省和思考的對象，把思考當做思考的對象來研究，這是詭辯學派在哲學上最大的貢獻；即能夠站在自己的外面，觀察自己思考的種種，用一種思考去討論思考本身的問題。

二、方法方面

以前的哲學家大部份用觀察的方法，他們觀察宇宙的生成變化，他們觀察人生的生老病死，而結論出宇宙的法則和人生的法則。就連發展邏輯法則的伊利亞學派，也不能夠脫離這種方法，他們除了對思想的默觀之外，還得用觀察的方法去考證感官世界種種的不存在。

詭辯學派，眞正地開始了思想的法則，眞正地運用思考的方法去分析自己的思想，這種思想方法的運用，當然是超過了觀察法。觀察法需要睜開兩隻眼睛看這個世界，從看到現象之後，推論出現象背後的本體；詭辯學派的方法，却可以閉上眼睛，思考究竟思想有沒有一種法則；如果有法則的話，我們又如何應用呢？

如果我們把整個的哲學，當做是思想與存在之間的關係探討的話，詭辯學派以前的哲學家，大部份只注意存在的問題，詭辯學派把自己的全部精力放在思想上面；如此詭辯學派在方法方面，也可以說是進了一步，眞正地走進了純思考的領域中。

西方自從詭辯學派以後，哲學方法也就一直保留了抽象的，保留了跟外在世界的經驗不是完全符合的東西；能夠從感官經驗中，抽離出抽象的概念，然後可以關起門來，利用這些抽象的概念去創造。這就好比一個音樂家，可以把音符綜合或分離，以音符的組合創造一漂亮的歌曲一樣。

詭辯學派以前的方法是觀察法，觀察法是界定了外界的存在，思考的主體並不包含在內。到了詭辯學派，是用思考來界定存在，這存在是包含思考的主體，而且特別注重思考的主體，而不局限於思考的對象。如此是把思考當做思考的對象，思考的主體又變成思考的客體。

當然上面所提的二點，是往好的方面去看，不幸地，詭辯學派在當時的情形，並沒有走向這好的方面，他們走的是政治路線，如同剛才所提，他們注重利害關係，不問是非觀念。本來政治是爲了人民而設立的，爲了人民的權利而設立的；但是詭辯學派是爲了統治階段，爲了他們爲官的慾望所成立的派系；他們的方法是訓練口才，他們希望用演講的方式，使得羣衆信服；當他們說服了羣衆，得到政權以後，就爲所欲爲了。

因此在他們的哲學中，幾乎用了強詞奪理的方式；他們所追求的根本，不是客觀的眞理，而是主觀的興趣。就像普羅達哥拉斯說過：「在政治上，我們應當把弱的說成強的」，而格而齊亞也說過：「口才有如毒藥，可以用來毒化一切」。

哲學本來就是「愛智」的學問，詭辯學派自稱爲「愛智者」，表示他們在生活的層次上面，愛慕智慧；而且在政治的手腕上高人一等。我們在這裏稱他們爲詭辯學派，是看他們對所謂的「智慧」採取的手段，是屬於詭辯方式的，以口才雄辯、強詞奪理的方式來得到一般民衆的信服。詭辯學派有很多的代表，我們特別舉出二位：

a 「肯定一切」的普羅達哥拉斯（Protagoras, 481-411 B.C.）

b 「否定一切」的格而齊亞（Gorgias, 483-375 B.C.）

普羅達哥拉斯肯定一切，但是這種肯定完全是主觀的，沒有客觀的價值或標準。格而齊亞否定一切，沒有任何根據，只是以雄辯的方式，說明世界上的虛無。肯定一切和否定一切都是以邏輯的法則爲中心，不問客觀的事實如何，只問自己主觀的思想情形如何——只問自己當時的心態如何。

第一節　普羅達哥拉斯（Protagoras, 481-411 B.C.）

史載奧林匹克運動會第八十四屆之時，正值普羅達哥拉斯的盛年時期；他用了三十年的時間，週遊了希臘的許多城邦，想辦法引導民衆過一種有德行的生活。有許多的年輕人對他十分羨慕，跟他學習做人的道理，尤其是學習雄辯的口才，以及辯論的方法。他也著書立說，在作品裏面，關於神明神話的問題，他表示自己是無神論者，因此他被雅典政府驅逐出境，以後充軍到南部西西利島，在那兒逝世。

他所著的書，在雅典和其它的城邦燒毀。關於他的生平，我們所知不多，很可能他是德謨克利圖斯的學生，並且著作很多，不過如今所擁有的，只是一些斷片。

他有一句名言：「人爲萬物之尺度」。卽「人」是一切事物的準則。可是這「人」並非指人類，而是指個別的人。這個別的人的想法，就是眞理。不但用不著他人的同意，甚至不要客觀的標準。因此普羅達哥拉斯認爲他自己的想法就是眞理，他自己講出來的話，就具有客觀的價値。所以他要把弱的說成強的，同時反過來，把強的說成弱的。

如此從普羅達哥拉斯哲學導引下來的是，世界上根本就沒有客觀的眞理，或客觀的價値。「人爲萬物之尺度」這句話所肯定的，是人性知識的能力，他可以知道一切，也可以界定一切。這種「知道」和「肯定」是詭辯學派認識這個世界的結論，也就是他們在政治上最大的資本。只要一個人有口才，思想靈活，他就能把握住聽衆的心理，可以把自己的目的用手段去獲得，不問手段的好壞，只要能夠達到目的，皆可以利用。

格而齊亞比普羅達哥拉斯更進一步，他用思考的法則去否定一切。如果我們認爲普羅達哥拉斯用「人爲萬物之尺度」去肯定一切，那麼格而齊亞也以同樣的方式，用自己個人的思想去否定世界的存在。

第二節 格而齊亞（Gorgias, 483-375 B.C.）

史載格而齊亞是恩培多列斯的弟子，而他的生平介於第七十一屆奧林匹克運動會的第一年到第九十八屆奧林匹克運動會的第一年。他開始的時候，受了老師的影響，對物質宇宙的元素頗感興趣；但是慢慢地攻變了方向，專門注意修辭的問題，他也寫了「論自然」的著作，他所用的方式與齊諾的辯論方式雷同，並且比齊諾更進一步。

因爲他完全用了思考的法則，一點也不採用觀察自然的成果；他整個形上學的原理原則是與帕米尼德斯的方式相同，對感官的世界採取否認的態度。史載他在紀元前五世紀之時，相當出名，而且在紀元前四百二十七年到了雅典，從此開始了他自己的政治生涯，開始與人辯論和發表著名的演講；同時以雅典爲中心，四出各城邦去遊歷，賺了財富，過豪華的生活，死時年歲甚高。

他的學說是三句有名的否定詞，成了以後懷疑論者的口號：

根本就沒有什麼存在。

如果有什麼存在的話，也不可能被認知。

如果可能被認知的話，也不可能把所知告訴別人。

格而齊亞這三句否定的命題，否定的程度，當然是由後而前，由第三句開始，因爲第三句否定知識傳授的可能性，也就是說，否定了教育及人與人之間的共同學習，或否定了教導他人的可能性。這種意義，是指知識論的不可能。否定了認識的能力之後，就可以回轉到第二句「如果有什麼存在的話，也不可能被認知」，卽否定了人全盤的認識能力，否定了主觀一切知識的可能性；這句話的意思，是肯定存在和思想之間毫無關係。

由於否定人知識的能力，然後再進一步，回到第一句話「根本就沒有什麼存在」，不只是否定了知識論，而且否定了本體論，否定整個世界的實有。這種想法，開始的時候是懷疑，對人類知識的懷疑，慢慢地對世界的態度變爲虛無主義的想法。

所以格而齊亞說，可以把強者說成弱者，因而也主張強權就是公理。強調如果人聰明而又有口才的話，就可以欺負他人。後來英國的經驗論者霍布士的強權主張，多少受格而齊亞的影響。

除了上述的二位詭辯學者之外，其他的詭辯學者，尤其他們的弟子所流傳下來的學說，幾乎都是主張自然，反對人爲的法律。這種自然的解釋，是弱肉強食的方式，是適者生存、不適者滅亡的方式。此種思想影響所及直至西方十九世紀後半期的唯物論和進化論。

從這種詭辯學派肯定一切或否定一切的結果，使得當時雅典的政治和社會非常的混亂，因爲人們已經對客觀的眞理和客觀的價值沒有興趣，只是想辦法說服他人，只是想用「強權就是公理」的方法去生活；只有學者，尤其是自稱爲「智者」的詭辯學派在政治的生涯中興風作浪。從這種政治的背景之下，就出現了良知之士或先知先覺的思想家挺身而出，力挽狂瀾，拯救當時的希臘文化。最先與詭辯學派針鋒相對的，就是歷史上有名的蘇格拉底。蘇格拉底當面指責他們的錯誤，用雄辯的方式迫使詭辯學派，承認自己的無知，承認有客觀眞理的存在，有客觀價值的可能性。蘇格拉底的出現，可以說是回到了第四章裏的唯心與唯物之爭裏面，偏重於唯心和思考法則的型態。因爲這種唯心的型態在第五章中的詭辯學派發展到了極端，而且是不正常的極端，蘇格拉底要糾正他們的錯誤，矯正到一方面承認人類認知的能力，同時也承認客觀世界具有客觀眞理存在的價值。

從蘇格拉底對客觀眞理的嚮往，使得雅典出現了另外一種哲學派系，導引出希臘哲學的輝煌時代，同時導引出當時雅典的哲學高潮。從蘇格拉底處出現了偉大的思想家柏拉圖，其後又出現柏拉圖的弟子亞里士多德，集希臘哲學的大成。蘇格拉底、柏拉圖和亞里士多德稱爲雅典學派，因爲他們發跡的地方以及發展學說的地方都在雅典。

第二部份　哲學全盛時期

哲學的誕生，無論是東方或西方，一方面是由於人類生活的需要，另一方面則由於天才的誕生，使得世界上每一個民族自身的哲學，都能夠產生一種偉大的體系。在西方哲學最早的時期，尤其是先蘇格拉底時期的哲學，他們對自然的觀察及深思冥想，已經漸漸地開了哲學的大門，可是很可惜的是，這些原始的思想，沒有進入情況以前，就出現了詭辯學派自稱是「愛智慧的人」，把剛萌芽的哲學思想抹殺了。

就在這種哲學的危機中，產生了一種需要，用來拯救當時哲學的危機，但是這種需要還是不夠的，如果沒有出現這三位天才——蘇格拉底、柏拉圖、亞里士多德，希臘哲學也許從此就斷了根，也就不可能有偉大的哲學體系的出現。可是在歷史的記載中，希臘自從有了詭辯學派之後，還有三位大思想家力挽狂瀾，拯救希臘的哲學，不只是使哲學的慧命沒有中斷，甚至更繼續了哲學的思想，將之發揚光大。

這三位大哲把西方的哲學引到了峰頂，即使今日，我們討論任何的哲學問題，尤其是討論問題的方法，有許多地方得向這三位大哲學習。我們研究這三位大哲的哲學，同時可以發現先蘇格拉底期的哲學，畢竟是原始又幼稚的；他們注意某一個問題的時候，就忘記了其它同樣重要的問題，可以說在學術研究的過程中，犯了顧此失彼的毛病。

但是在蘇格拉底、柏拉圖、亞里士多德這三位哲學大師身上，我們是找不到上述顧此失彼的毛病的，他們的宇宙和人生問題並重、今生與來世並重，不只是把哲學當做研究人生問題的學問，也不會在研究人生問題上面，只重視今生短暫的生命，忘記了前世或來世生命的可能性。

因此我們提到雅典學派的時候，包括這三位思想家，他們的思想幾乎囊括了所有的哲學問題；他們在方法上，也有特別的創見，今日我們甚至可以這麼說，凡是唸西洋哲學，想研究西洋思想的人，絕對不可以忽略了雅典學派的三位大師在哲學思想上的貢獻。當然我們研讀哲學，並非首先注重他們對每一個問題的答案，而是要知道他們提出了什麼問題，然後他們針對這些問題，提出了那些解答的方法。所以問題和方法是我們研究雅典學派，甚至研究西洋哲學，進而或研究哲學所必需關心的課題，而且是課題的中心，唯有瞭解問題，以及解答問題的方法，才能眞正找出有效的答案。

我們稱這段時期做爲西方哲學的全盛時期，因爲在這個時期裏面，有三位哲學大師，他們討論了宇宙和人生整體的問題。從宇宙起源的問題到人生歸宿的問題都在討論之列，特別是人生問題之中，注意到人性的三度時間：前世、今生、來世。把前世的一切當做今世的因緣，今生的功過當做來世的因，如此人生在宇宙之間，就可找到一種意義。人生不是爲了短暫的時間性，而是爲了來世的永恆性。宇宙的存在也不是爲了它自己本身，而是爲了人生，因爲人在宇宙中，屬於萬物之靈。是人在這個宇宙中，應該頂天立地，照著自己或整體人類的理想去生活。人性在這個宇宙的生命裏，找尋自己安身立命之道，找尋通往自己幸福或理想的一條路。

希臘哲學的開始和神話時代的開始雷同，都是由於奧林匹克的精神所推動，富於進取的、積極的哲學。在這種哲學裏，他們對宇宙和人生的問題，都採取了進取的、積極的觀點。因爲這種觀點，特別關心人性的能力問題，不太注重人性的極限問題，同爲他們重視人性的能力，所以他們對人性去認識世界、把握世界、統治世界的能力，有很大的信心，有深度的信念；相信人是可以認識世界、把握世界，征服世界的萬物之靈。

如此人性在希臘哲學的探討中，在宇宙中是頂天立地的一種存在，他不但可以爲自己開闢一條應當走的路，而且能夠爲人類、爲世界開創一種有價值的人生，開創一種有前途的、未來的人生觀。

就在蘇格拉底、柏拉圖、亞里士多德的設計中，凡是屬於宇宙或人生的問題，都有深刻的討論，同時有一般性的交代，並且在希臘時期，這三位大哲領導了社會，引導所有的人性都走上了屬於人性的道路。

第一章　蘇格拉底 (Sokrates 470-399 B.C.)

關於蘇格拉底，我們最容易想起的一段故事，就是他在家裏有一位很兇的老婆，這位太太在家裏總是要蘇格拉底做許多家務事，不然就罵他，使得蘇格拉底無法在家裏呆下去，於是他只好流浪在外，除了吃飯，睡覺以外，都不敢回家，由於他在外流浪顯得無聊，於是在街頭巷尾遇見凡是肯和他交談的人，蘇格拉底就跟他談話，起先爭論哲學的問題，後來他的辯才大有進步，用來辯論的方法和辯論的理由一天天地有深度，終於把當時詭辯學派者打倒，建立起一種新的哲學體系。

第一節　生　平

關於蘇格拉底的生平，我們最清楚的是他死的那一年，即在第九十五屆奧林匹克運動會的第一年，因爲這一年，他被雅典的政府判了死罪，罪名是：「不敬神明」，同時「搧動青年作亂」，至於他的生年，史載不詳，通常是認爲他生於第七十七屆奧林匹克運動會的期間，究竟是第七十七屆運動會期間的那一年，歷史家的記載，相互之間有很大的出入。

史載蘇格拉底的父親是個石匠，母親以接生爲業，蘇格拉底因爲家裏有一位很兇的太太，所以他沒有繼承父親的事業，反而在街頭巷尾喜歡與人爭論。我們現在所知道蘇格拉底的事情，都是在他的弟子柏拉圖的對話錄中去尋找。柏拉圖寫了很多東西，都可以說藉了他的老師蘇格拉底的名字，但是大多數的意見，是柏拉圖自己的意見，並不一定是蘇格拉底哲學的思想。

蘇格拉底本身和我國的孔子相同——述而不作，自己沒有撰述過任何的東西。柏拉圖因爲是他的弟子，也就記載了他一生的言行，特別記載了他的哲學思想，我們在柏拉圖的著作中可以找尋到蘇格拉底哲學的大略。

在哲學中常常接觸到的一句話：「認識你自己」，這是蘇格拉底爲學最主要的方法和起步，他把「認識你自己」當做是最高深的學問，他也就用這種方法去對付當時詭辯學派的人。他從日常生活的語言和思想開始，詢問當時詭辯學派的人，問他們：「什麼叫做『知識』？」「什麼叫『眞理』？」「什麼是『德行』？」在開始辯論之時，對方總是認爲自己有知識，知道何謂「眞理」、「德行」，可是經過蘇格拉底一層層地問下去，他們就不能不承認自己所知道的只是具體的事物，而不是抽象的名詞。而每一次當自己要討論抽象的問題之時，總是把一些具體可見的事物、可見的比喻用來搪塞，蘇格拉底就會藉著這個機會，告訴對方，指對方對自己所講的話以及對思想的概念是茫然無知。也就是說，蘇格拉底辯論的總結，總是迫使對方應該承認自己的「無知」，把「無知」當做一種境界，才能夠得到知識。

這種說法相似於孔子說過的：「知之爲知之，不知爲不知，是知也。」（論語爲政），用這種肯承認自己的無知才是眞正的知識的說法，表示了我們的「知」和「德行」應有所聯繫，也就是說，「知」和「行」應該是合一的，才是眞正的「知」。如果是撒謊的「知」，則不是眞正的「知」，唯有承認客觀的知識，才是一種知識。如此，詭辯學派在當時所注重的主觀的「知」，忽略了客觀的「知」，與蘇格拉底辯論的時候，就會遭到失敗，而眞正的知識就會浮現出來。

可是由於當時的詭辯學派在政治的舞臺上，講究利害關係，而不論是非觀念，因此陷害蘇格拉底，覺得他是他們政途上的一種障礙，非要除掉他不可，控告蘇格拉底的罪行：「褻瀆神明」、「搧動青年」、「危害民衆」、「傳播迷信」，這就是有名的紀元前三九九年的亞色比（Asebie）的大審。法官判了他的死刑，他應該喝下毒藥，自殺身死，不然的話，就應該流浪異域，一生不許回國。蘇格拉底知道今生和來世的分野，深信人渡過這一生以後，接著來的是死亡，死亡不是生命的結束，而是另一種生命的開始；他認爲在我們這個肉眼看得見的世界上，有很多不公、不義，以他自己被判死罪而言，他也認爲這是不公、不義的；就是因爲如此，所以應該有一個完全講公道的地方，是我們人生的歸宿，因此他從容就義，飲酖而死。

臨死前，蘇格拉底還告訴弟子，不要忘記獻給神明一隻公鷄，因爲他曾經答應過神明，要祭上一隻公鷄，這種歷史的記載，根本就不像當時詭辯學派給他的罪名「褻瀆神明」，他是敬神的。另一種記載，在他喝毒藥以前，他的弟子連柏拉圖在內，勸他不必要如此自殺，可以逃往國外，蘇格拉底並沒有接受弟子的勸告，勉勵弟子要遵守國法至上，雖然法律錯誤地判了他死刑，做爲一個市民的他，是有理由而且有責任遵守國家的法令。因此他說：「我還是遵守國家的法令，你們應該高興，因爲我離開了這個不公、不義的世界，一定會到正義的彼岸，在那裏，不會有不公、不義的事情。」

就在蘇格拉底接受死亡的事實上面，他認清了人有靈魂和肉體二元，人的肉身可以死亡消失，但是靈魂却是永恆的，不只是和肉體在此世過活，在來世却可以沒有肉體而仍然繼續著永恆的生命。

第二節　知的啓蒙

在哲學的探討中，如果我們站在十分客觀的立場來看，就知道哲學最先所討論的是知識論，而知識論的問題，首先分爲主體、客體二元，主體對客體的認知是知識論最中心的課題。站在主體和客體之間的問題上看哲學的發展，西洋的哲學蘇格拉底以前時期，他們所注重的、所分析、觀察的，都是知識客體的問題，是知識對象的問題，而關於知識本身或是重視知識主體的問題，還是從蘇格拉底開始。

所以眞正的哲學應該從蘇格拉底開始，我們說如果不是亞里士多德在著作中稱讚泰勒士是「哲學之父」的話，我們就會推擧蘇格拉底才是「哲學之父」。因爲他在人類知識的啓蒙上面，立下了偉大的貢獻，蘇格拉底對知識產生的方法，首先提出消極的和積極的方法，在消極的方面提出了諷刺法，這個諷刺法是針對當時的政治界以及當時的社會，詭辯學派對知識的摧殘，對客觀眞理的否定，漠視客觀的價值，因爲當時的詭辯學派認爲無論如何以口才爲憑，靠的是主觀的思想，甚至「人是萬物的尺度」，「口才好比毒藥，可以毒化一切」，更甚的是，認爲口才可以把假的說成眞的，壞的說成好的。蘇格拉底就藉雄辯的方式，與詭辯學派的人起了衝突，用最簡單的日常語言，詢問他們使用的語言，所想像的概念有什麼意義。

結果詭辯學派在蘇格拉底面前，不得不承認自己的無知，這種迫使對方承認自己無知的方式，蘇格拉底本人稱之爲「諷刺法」。卽我們想辦法承認自己的無知，承認自己對「德行」的定義無知，對「勇敢」的定義無知，我們只知道什麼行爲是德行或勇敢的，但是却不知道「德行」或「勇敢」本身是什麼，甚至不知道「知識」的本身是什麼東西。

在這諷刺法的導引之下，蘇格拉底迫使所有與他接觸的人，尤其是詭辯學者不得不承認自己的無知，不得不承認自己未經思考，而運用了一些名詞、句子，在自己日常言談中用了許多不求甚解的名詞或概念。因此蘇格拉底就有理由告訴詭辯學派，他們所以爲的眞理並非客觀的，他們認爲可以用主觀來代替客觀的方式是錯誤的。世界上除了主觀的眞理以外，還得有客觀的眞理，我們主觀眞理最終的存在基礎，是依附在客觀眞理之上，並非依恃我們隨心所欲的主觀上面。

關於蘇格拉底在知識的啓蒙之中，可以用一種簡單的比方來解明，比如在我面前有這麼一張桌子，我是認識的主體，看到了桌子的形狀與顏色之後，我的思想上立卽肯定這是一張桌子。如此在客觀的世界上的這張桌子，走進了我主觀的概念中，腦裏有這張桌子的概念，外在感官世界中有外在世界的這張桌子，現在問題來了，我腦裏的這張桌子和外在世界的這張桌子有什麼關係呢？

因爲現在我可以說，我看到這張桌子，我腦裏有這張桌子的概念，但是外在世界的這張桌子，繼續存在下去，我腦裏的這張桌子的概念繼續存在在記憶中，但是有一天這張桌子可能因爲年代長久而毀滅了，可是腦裏的這張桌子還是存在下去。如此腦裏的這張桌子的概念並不是感官世界的，不受時間、空間的限制，感官世界的這張桌子雖然是我腦裏桌子概念的原因，但是畢竟受限於時間與空間，我腦裏的桌子却生存下去，跟我活得一樣長久。

然後如果我要用這張桌子的概念做任何的比喻或批判，那麼現在要問的是，腦裏的這張桌子究竟是什麼東西？所以蘇格拉底有理由問究竟主觀和客觀的東西是什麼樣的關係？它們的關係是否有如詭辯學派所言，主觀可以衡量一切客觀的東西；還是應該相反過來，外面的客觀世界是原因，我們腦裏的概念是結果，透過精神的作用，這個結果才勝過原因，精神的世界勝於物質的世界，觀念的世界勝於感官的世界。

在深一層看來，感官世界的這張桌子和腦裏的這張桌子，一個人去看它，腦裏就有這張桌子的概念，一萬個人去看它，有一萬張桌子的概念，可是這張桌子仍然是這張桌子，不會因爲有一萬個人看它，從它抽出來的概念，這張桌子就輕了點或小了點，它根本沒有改變，它是客觀世界眞實存在的東西，我們主觀對它的批判或了解絲毫沒有一丁點關係。這也是蘇格拉底所強調的，客觀的世界、客觀的事實不受主觀的影響。

我們可以把它忘記，但是桌子還存在，我們可以殷殷想念，但是桌子可能毀了或燒了，所以它並不受主觀的影響，如此主觀的世界和客觀的世界有什麼關係？思想和思想的對象或外在的存在事物有什麼關係？

蘇格拉底用這些問題詢問詭辯學派的人，他們都無法回答，因此他們最後得在蘇格拉底面前，承認他們自己的無知，他們所使用的「勇敢」、「德行」、「桌子」、「知識」皆毫無意義。

可是問題到了這個地步，我們是不是認爲蘇格拉底推翻了知識，搗亂了哲學的層次，事實却不然，諷刺法迫使他人承認自己的無知，這僅僅是蘇格拉底舖路的工作，他覺得一個人應該先出空自己，先承認自己的無知，才肯去學習與追求知識，如果一個人覺得自己非常不得了，很有才學，就不可能虛心追求知識，滿而溢的驕傲，就不可能學習。蘇格拉底以爲當時的詭辯學派太自以爲是，結果以諷刺法與他們辯論，使得他們不得不先承認自己的無知，然後蘇格拉底才想辦法用積極的催生方式，去建構知識。

史載蘇格拉底的「催生法」說法不一，很多認為蘇格拉底學了他媽媽產婆的接生法，慢慢地導引他人，知道自己天生有那些知識能力，然後利用這些知識能力，慢慢地為自己創造知識，這種積極的方法，稱為「催生法」。

「催生法」是在辯論的對方，承認自己的無知以後，對知識的嚮往和追求，蘇格拉底想辦法告訴他們，人如何透過感官去接觸外界的事物，首先所反映出來的概念，就是我們知識的開始。這種概念，表示了人性生來具有一種歸類的能力，他能夠把類似的事物歸於一類，比如看到很多圓頂方趾的都稱為「人」，不管他是張三、李四、王五或趙六……都說他們是「人」，從這些張三、李四、王五、趙六這些已知的「人」的概念，然後利用這概念去形容凡是未知的「人」的概念。

比如先從看見張三、李四、王五、趙六，知道他們都是人，於是在我們腦中有了「人」的概念，以後到國外去看到彼德、約翰、保羅、詹姆士……，也會認為他們是「人」。如此概念的獲得與運用變成了我們意識最根本的型態，我們能夠知道張三、李四……等是人，我們會利用「人」這個概念去形容其他的個別的人。

或者我們會問：世界上是否有「人」？我們可以說世界上沒有「人」；因為存在在世界上的，是張三、李四……等等個別的人，沒有這個共相的、普遍的「人」的存在。可是我們的知識，容許我們應用「人」、「書」……這些概念，世界上也沒有「書」的存在，存在世界上的是那本書、這本書……，都是個別存在的一本書，不會有普遍的「書」的出現。

在知識論上，能夠以普遍的、共相的概念，能夠在個別的事物抽象出一個「共名」，然後以這個「共名」去形容其它未知的東西，這是知識最主要的啓蒙，也是知識最主要的作用，是我們學習哲學最根本和最原始的方法之一。

因此我們知道蘇格拉底的催生法分爲這二部份，第一部份是指我們能夠從個別的、單獨的一些事物，從許多同類羣中，以一個「種」的名稱來說明，這是抽象作用，把它們的共相抽離出來。另一部份的方法，利用這個「共名」，以後每看到一個類似的人或事物，則以「共名」來稱呼。

比方在課室中看到老師的書桌和講臺，在開會中又會看到其它的桌子，則無論方圓、大小、顏色……不一，都稱爲「桌子」，然後有一天我們走到別的場合之中，在市場上看到的桌子也稱之爲「桌子」，用已知的東西得出的總名或概念去稱呼那些未知的，但是原則上是有理由地運用。

比方有一小孩，在家裏知道他爸爸、媽媽是「人」，知道他的哥哥、姊姊是「人」，而且在書本中也學到了一些人的圖樣，知道是「人」。如果某一天有人按鈴，這個孩子趕緊從窗戶看出去，到底是誰在打門，原來是陌生人，但是他却可以叫：「媽媽！有『人』來了。」這個「人」，就是小孩知識的運用。他運用到屬於「人」這類的人的身上，這個抽象概念的方法和運用的方法，就成了我們知識的獲得和初期的型態。

蘇格拉底發展了知識初期的型態，同時解決了我們所使用的名詞，是由具體的事物所抽出來的「共相」，這些「共相」在以後我們的日常生活中，在知識的運用方面，就運用到那未知的事物的媒介。如此蘇格拉底溝通了存在和思想之間的通路，所以他知道如何利用思想去抵達存在，客觀世界的存在又如何走入我們主觀的思想中，至少他提供了可以爲人接受的解答。

第三節　行的哲學

在上一節「知的啓蒙」裏面，我們知道蘇格拉底爲學的方法，這種方法在哲學上是屬於形式的探討。可是哲學不僅僅是一種形式，而且它應該有內容。關於哲學的內容，就是本節中所要討究的，蘇格拉底行的哲學。

行的哲學是指的，除了理論對人生的看法之外，還要躬身力行，自己在人格上步步地超昇，不斷地努力，不斷地修成。蘇格拉底的行的哲學，也就是他做人的道理，他偏重於倫理方面的積極實踐；這種倫理，已經不是神話時代或先蘇格拉底時期的單純實踐，不是屬於奧而菲的神話實踐方式或宗敎式的畢達哥拉斯的實踐方法，而是透過前面的理知或知的啓蒙以後，用自己淸晰明瞭的道德理念的實踐工夫。

因此蘇格拉底行的哲學是奠基在知的工夫上面，所以他結論：德行和知識是不可分的。他的名言：「認識你自己」，是完成人格的初階，也就是指人類唯有利用他的天賦和理知，來分辨善和惡，也用自己的意志去擇善避惡，這種擇善避惡的實行，才是人格修成的保證，是人性超昇自己的保證。

德行是什麼？蘇格拉底給了它一種定義。這種定義是「自知」和「自願」去實行自己以爲是「善」的事情。什麼是犯罪作惡呢？蘇格拉底以爲在「自知」方面既認爲是不對的，但是又「自願」去實行，這麼一來，所謂的是非善惡的標準，奠基在「自知」和「自願」的兩項工作上。因爲奠基在「自知」和「自願」上面，以現代的名詞而言，就是「理知」和「意志」兩方面，才分辨得出所謂的是非善惡。

可是蘇格拉底對人性的分辨，並非是中性的，他認爲人心是向「善」的，因此他總是把德行當做是人向「善」的一種成功或習慣，人心的趨惡是惡的，可是人天生來憑着自己的良知是在追求「善」，與生俱來的是行善避惡。「善」的問題就是價值的問題，因爲我們追求「善」，在這個追求的途中，所關心的和所實踐的事實就是「德」或「德行」。如此人照着自己的本性去追求「善」，去實行「德」，就是人生的目的。而人性的完成與否，卽看他是否在「自知」與「自願」兩件工作上面，有一個最終的選擇。

因此蘇格拉底說：「智者就是善人」，一切的德行都是由智慧產生，這種智慧就是「德」的學說，對後世影響鉅大，這種主義是「主知主義」，因爲蘇格拉底認爲所謂的善惡先由我們的理知去分辨，我們的理知認爲是善的，我們就去做，就是行善；我們的理知認爲是惡的，而我們又去做，就是作惡。如此是非善惡的標準是由我們的理知去認識。當然，在這裏，我們並不是說蘇格拉底和詭辯學派的方式相同；因爲詭辯學派認爲我們的主觀可以界定是非善惡，蘇格拉底認爲我們的主觀不能界定是非善惡，我們的理性只能憑着自己的良知去分辨是非善惡。

這麼一來，如果對「主知主義」而論，假使我們的理知認錯了，把善看成惡，自己以爲是惡又去實行的話，那就是惡，無論客觀方面是否有善的結果出現；相反而言之，如果我們的理知把惡看成善，而又去實行，則這亦是行善，不管它是否有惡果產生。

這種「知卽是德」的學說，表示蘇格拉底以後的西洋，通常兼顧到理論和實踐兩方面，才是哲學的正統。單純的「知」，無法使得人性完美，單純的「德」，也無法使得人性完美；因爲前者缺少了實踐，而後者又缺少了理論。實踐發展到最高峯是宗教，而認識應該是哲學發展的高峯，所以蘇格拉底認爲，一位智者應該知道兼顧實行，蘇格拉底本身也奉行了如此的信念，因此當他被雅典政府判了死罪之後，他甘心情願地在監獄中飮毒而死，爲正義而死，雖然他知道法院的判決不合理、不公平，但是他畢竟承認法院的權威，對一種權威的屈服，正表示此人對正義的嚮往，而且是對「善」的一種抉擇。

就等於我們目前參加任何的競賽，裁判所判決的，縱使有差錯，可是我們仍舊得服從，這就是人性在任何一方面，都有自身的極限。在客觀的事實呈現在眼前的時候，是要放棄自己主觀的成見，不管站在自己的立場如何地認爲自己是對的。蘇格拉底明明知道法院的判決錯誤，但是依然屈就於這種權威之下，因爲他知道人生除了此生，還有來世的生命，除了此世，尙有彼岸。因此他的學說和他的生命是二而一、一而二。

他的知識可以看做是實踐的知識，因爲他知道了就去實行；這種「知」在希臘哲學中，通常稱做「手藝的知」，「手藝的知」是指某人會開車子，這句話並非表示某人有開車子的理論，而是清楚地指出，他有開車子的經驗，他眞的會開車子。我們在日常生活中，常常提到某人很會做菜，當然是指他能夠下厨做菜，而不是說他只知道做菜的理論，還有其它類似的許多事情，某人會做鞋、治病……等等，包括了理論和實際在內。

蘇格拉底的「知」，就是包含理論和實踐的「知」，他的「行」的哲學包括了「知」的哲學，同時「知」的哲學包括了「行」的哲學。因爲他認爲行爲的指向是「德行」，所以「知就是德」。因爲「知」的行爲是德行，而且指向了「善」，「知」就是「德」，就是「善」，在蘇格拉底的哲學中，知識、德行、美善是三位一體的。

在至善的境地裏，蘇格拉底認爲那必然是正義的、十全十美的，但是這種必然或應該如此，在我們的世界上是找不到的，因此蘇格拉底總是把它放在彼岸或未來的世界，也就因此他不惜犧牲自己此世的生命，以求到達正義的和永恆幸福的境界。

蘇格拉底不只是發明了「知的啓蒙」和「行的哲學」，他自己本身就是自己的哲學，因爲他不但以理性去懂得哲學，同時以自己的血肉、生命去實踐哲學。他自己的一生就是哲學。因爲他的生平就是哲學，他的理論包含了實行，他的實行中也包含了理論。因此他在「知的啓蒙」中所討論的概念的問題，也就是說我們天生的能力歸類出來的概念是什麼的問題，在行的哲學中，很清楚地推廣到善的境界，也就是推廣到眞、善、美的境界，以爲在思想界或在彼岸、來世裏面，眞正的眞善美境界中，在這個領域裏才有眞正的正義，針對今世的不公不義而言，我們身後的生命是可以過着眞正的生活。

這麼一來，知識的峯頂和我們行爲所追求的終極，合而爲一，蘇格拉底最後稱之爲「至善」。「至善」這個名詞影響了他後來的弟子柏拉圖，使得柏拉圖以「至善」的概念，建構了整個的哲學體系，尤是宇宙論，而柏拉圖的宇宙論影響了西洋二千多年的哲學。

第二章　小蘇格拉底學派

蘇格拉底因爲他本身沒有著作，而且自己也沒有創立派系，他只是在街頭巷尾與他人談論，在他的晚年，有些弟子常常圍繞着他，與他討論哲學的問題，人生或知識的問題，所以在他死後，弟子們各自爲生，他的弟子除了眞正能夠發展出新的體系，同時對希臘哲學有重大貢獻的，首推柏拉圖，柏拉圖以外，有許多其它的弟子，他們也另立門戶，發展其師的思想。

蘇格拉底的弟子中，除了柏拉圖能夠以宇宙和人生最大的體系，含攝了整個的哲學體系以外，其它的弟子大部份只是重視其師行的問題，也就是倫理方面的問題。因爲倫理方面實踐的問題，並非一日兩日可以完成的，而在實行的哲學之中，境界總有高低之分，一個人總不能說自己的實踐到了顚峰而不能再上昇了，如此像蘇格拉底學派所致力的就永無止境了，可以說是人生永遠達不到的理想了。因此這些學派一直有理由繼續存在下去，他不只是使人存天理、去人慾，而且也想辦法使人生得以超脫自己，進入超凡入聖的地步。

在這裏我們只舉出四派比較有名的小蘇格拉底學派：

第一節　梅加拉（Megara）學派

此派的創始人是歐克拉德（Eukleides Ca. 450-380 B.C.）。歐克拉德，梅加拉人，他所創立的學派就稱爲梅加拉學派，歐克拉德並非發明幾何的歐基里德，而是蘇格拉底的弟子，他創立的思想，是想把帕米尼德斯的「存有」和蘇格拉底的精神以及道德的意識聯繫起來，也就是想法子把蘇格拉底的道德理念變成一個形而上的概念，使得蘇格拉底「行」的哲學和宇宙論能夠融貫起來，把實踐的問題推展到理論的最高峯。

他認爲所有的存有都是「精神」，都是「善」，都是唯一的，超乎所有感官世界的束縛，歐克拉德的這種工作，在哲學史上有極大的貢獻，因爲他確實聯繫了蘇格拉底和柏拉圖的思想，即柏拉圖也許是因爲歐克拉德的這種想法，把老師蘇格拉底的學說，以二元的方法完全發揮，使得「知」和「行」，雖然是兩個不同的層次，但是最主要的，還是屬於唯一的、統一的宇宙。

梅加拉學派還有其它的弟子，他們一致發揚蘇格拉底的道德哲學。梅加拉學派最大的貢獻，是把師父蘇格拉底的道德哲學賦予形上學的基礎，也就是說，把人性行爲加上了一種價值，這種價值是超時空的。這麼一來，人性生存在這個時空的世界上，卻具有超越時空的能力；人的善行或德行，雖然完成於感官世界，但是却是屬於另一個世界。

如此蘇格拉底本身的生平，他自己對知和行兼顧的學說，有梅加拉學派的提昇，到了形而上的領域。

第二節 埃萊迪（Eretrik）學派

這派的創始人是費東（Phaidon），關於費東，我們已經無法知悉他的生卒年月，可是可以確定的一點，費東原是蘇格拉底的奴隸。蘇格拉底使他重獲自由。

這位本是身為奴隸的學者——費東，他所重視的問題是「自由」。這「自由」是由肉體的自由走向靈魂的自由的一條思想途徑。他認為一個人一定要用知的啓蒙，以及行的哲學，才可以獲得靈魂的自由，靈魂的自由也就是宗教裏的靈魂的救援。也就是指的，人的眞正自由是內在的、精神的自由，他認為一個奴隸，雖然表面上，一擧一動得遵照主人的話，但是內心仍然可以是自由的；反過來，一個主人，表面上看來他喜歡做什麼就做什麼，而且奴隸萬事得聽他的吩咐，可是他內心可能受到情慾或功名利祿的束縛，沒有內在的自由，成了情慾的奴隸。

此派學說的思想是最接近蘇格拉底學說的一派，能代表的學者，除了費東，還有其它多位，大部份注意到當時希臘的奴隸制度的改革，並且指出外在與內在自由的關係。可以說是，發展了希臘哲學中「自由」的概念，有更清楚的認識，尤其把蘇格拉底的「自知」和「自願」，當做人們行爲的準繩。也是自由主義哲學發展中，最早的一門學說。

把「自由」定義爲某人在行爲的「自知」和「自願」，即是說某人在理論和實踐合一的時候，就可算是自由的人。

第三節 犬儒（Kynik）學派

史稱此派爲犬儒學派，因爲這一派繼承了蘇格拉底的學說以後，以流浪爲生，生活貧苦；他們不但在外表的物質生活上過得清苦，而最主要的，是內心裏根本不去追求外在的榮華富貴，此派的創始人爲安提斯德內（Antisthenes 445-365 B.C.），安提斯德內是雅典人，因爲不滿意當時詭辯學派的弄權，以及奢侈豪華的生活，因而安氏認爲人性如果要避免墮落的話，一定要解脫對物質的享受，應該回歸到精神的享樂中去，才是「德」。

此派所注重的，除了理性的「知」和「德」是統一的東西以外，還特別關心「良知」的問題，因爲一個人唯有離開塵世的功名利祿，內心才可以獲得平安，因此過着流浪乞討的生活。

在西洋哲學史中，我們最熟悉的是後來的迪奧哲內斯（Diogenes ＋324 B.C.）。史載這個以乞討爲生的哲人，他不但具有很高的智慧，同時注重實行，口號是「回歸自然」。有一天他在路上看到一個小孩用手淘水喝，於是把自己僅有的一隻碗丟棄，歷史亦記載亞歷山大大帝耳聞他的智慧，因而拜訪他，希望勸他出山幫忙治理希臘帝國，當亞歷山大大帝問他有什麼要求，即使要求帝國的一半，他也肯給予時，廸奧哲內斯坐在木桶中晒太陽，不耐煩地說：「請你走開一點，不要遮住我的陽光」。

更有一次，廸奧哲內斯白天打着燈籠在雅典街上行走，別人問他到底爲了什麼，他回答說：「我找一個『人』」。當然廸奧哲內斯所要尋找的，不是廣大羣衆中的一個人，而是找尋一個有獨立人格、有智慧的人，找一個能和其師相同，知道知和行合一的「人」。

廸奧哲內斯之所以不出山幫助亞歷山大大帝參與政治，也可能是由於他不滿意蘇格拉底的另一個弟子柏拉圖的學說；傳說有一次，柏拉圖對「人」下了一個定義，認爲「人」是「兩足而沒有羽毛的動物」，廸奧哲內斯有次在大庭廣衆面前，找了一隻公鷄，把鷄的毛都拔光，然後大叫：「請你們來看，柏拉圖所謂的『人』」。

犬儒學派最大的貢獻，是在於開始了蘇格拉底學說二元的劃分，把蘇格拉底的宇宙論，分爲觀念界和感官世界，而人所應該追求的是觀念界，因此以自己的行動來證明不追求感官世界中的功名利祿，只注重精神的生活。在精神的生活中，儘量和宇宙萬物打成一片，寧願過着原始的生活，不願加入文明的世界中。

第四節　祁連（Kyrenaik）學派

此派的創始人是亞里士提波（Aristippos Ca. 435-355 B.C.）。亞里士提波主張「享樂主義」，認爲肉體的快樂，就是人生最高的幸福，雖然他有這種理論，他却不是注重肉體享受的人，只是感覺到我們的感官作用如果有快樂的話，那就是我們的幸福。

亞里士提波所提出的哲學重心，就是「感覺主義」。這種感覺所指出的，其實就是解釋他的老師知行合一的學說。因爲他認爲人性是在追求快樂，避免痛苦的，只能以快樂爲善，痛苦是惡來解釋，所以他認爲人生的最高目的是追求快樂，追求幸福。

更進一步而言，亞里士提波把所有的快樂和幸福都拿來分類，他認爲精神的快樂，如友誼、父慈子孝……，藝術如文學；都在肉體感官快樂之上，而肉體的快樂是變幻無常的，所以這種學說發展到最後，畢竟還是追求精神道德的快樂，旨在追求精神的享受。

此外，這派的學者也解釋了蘇格拉底在「知的啓蒙」之中所沒有發展的地方，比方提出顏色和實物的關係，因爲最早的主張是「感覺主義」，所以仍然認爲屬於物質的屬性，不可能有共相或概念的關係，例如紅的顏色，在蘋果或玫瑰或血上面，表現出來的固然相同，但是在共相世界中，就不應該有「紅」這個概念，只能夠有紅色的蘋果，紅色的玫瑰或紅血等等。

他之所以發展此種學說，那是因爲感覺主義認爲所有的快樂或幸福是完全主觀的，並非有一種完全客觀的標準。所以祁連學派最後的結論是在宗教問題裏面所提出的，在宗教中他認爲所有的感覺都應該是完美的，快樂和幸福的，只要有一點點無論是靈魂或肉體方面的痛苦，都不能說是到了完美的地步；這種沒有痛苦，完全快樂幸福的生活，根本無法在這個世界上獲得，只能夠在來世中找尋，對來世的解釋沒有比宗教中更清楚的。因為亞里士提波本人不但是蘇格拉底的弟子，同時也是畢達哥拉斯學派的弟子。

我們介紹了小蘇格拉底學派的四派以後，會發現一個問題，也就是說，同一個老師所教導出來的學生之間，有時候意見會有很大的出入。尤其是相互之間哲學的理論，有相當大的出入，甚至有時意見會相左，像廸奧哲內斯主張禁慾和克己苦身，而亞里士提波則主張享樂。這些小蘇格拉底學派中的弟子都可以說是發展了蘇格拉底學說的某部份，而在蘇格拉底的弟子之中，眞正能夠懂得蘇格拉底全盤的哲學體系，也眞正能夠發展蘇格拉底所開創的哲學道路，即指知行合一的思想途徑，則非柏拉圖莫屬了。

第三章　柏拉圖（Platon, 427-347 B.C.）

關於柏拉圖，其著作「理想國」家喻戶曉，可是關於這本政治著作的哲學內容，則少爲人知，至於他整個的哲學體系和思想全部，能夠完全知道的人，大概又更少了。

第一節　生平

有關柏拉圖的生平，分爲三個時期作介紹，第一期是學徒期，史載其生年有多種說法，一般言之，以在奧林匹克第八十八屆運動會的第一年做爲柏拉圖的生年，死年是第一百零八屆奧林匹克運動會的第一年。柏氏生長於貴族之門，媽媽是出自希臘古代七賢之一的梭倫（Solon），柏拉圖的學徒期起自二十一歲至二十八歲，八年之久跟隨蘇格拉底，學習治學的方法，得出概念 eidos 是「知的啓蒙」中的概念的哲學初步工作，尤其是學得了蘇格拉底的做人道理，他也相信靈魂不死，相信此生之後，仍有來世的生命。

在學徒期間，除了學得了蘇格拉底的知和行、此世和彼岸的學說以外，亦從師於畢達哥拉斯之弟子奇柏斯（kebes）及新米亞（Simmias），學習輪廻的宗教學說，認爲人生屬於輪廻，靈魂和肉體的結合也是屬於輪廻的；人生的歸宿，雖然是從今生到來世，却仍舊在輪廻之中。除了蘇格拉底和畢達哥拉斯學派以外，他又特別學到伊利亞學派的思想，用形而上的深度思考，來解決哲學中最困難的問題。

柏拉圖在學徒期間，已經能夠嶄露才華，因爲他能把所學到的東西，以一個完整的體系去整理，因此他後來的學說也就集了上述三家之長。

第二期是週遊期，柏拉圖在蘇格拉底死後，即出外週遊，他在週遊期的目的，一方面想辦法把自己從老師蘇格拉底那兒學來的學說付諸實行，用到政治上面；另一方面是想充實自己的學問。

我們知道柏拉圖的第一個志願並沒有實現，因爲當時的君主無法採納他的學說，縱使接受了他的學說，也因爲政治上的關係而無法付諸實行。關於第二方面的志願，確實有很大的收穫，因爲他週遊的時期之中，曾經到過很多地方，經過了整個的意大利，甚至埃及，尤其到了意大利的南部，柏拉圖接觸了畢達哥拉斯的宗教團體，跟他們一齊研究修身，並且探討輪廻的學說，在這次週遊的期間，柏拉圖曾經在意大利南部的西西利島，得到當地的王侯的器重，與廸奧尼西奧（Dionysios）交往，學得精神生活方面的智慧，後來因爲廸奧尼西奧王國政變，柏拉圖與國王同時被捕，由於柏拉圖身體結實，被賣到愛智那（Ägina）地方給人家做奴隸。

自從柏拉圖被人家當做奴隸出賣以後，可以說是結束了他從學徒期以後的第一次週遊期。

第三期是柏拉圖的思想成熟期：在柏拉圖做了奴隸不久，就由其弟子亞美凱利（Amikeris）出錢把老師贖回。贖回以後，柏拉圖在第九十八屆奧林匹克運動會的第一年，也就是紀元前三八七年，在雅典創立了Akademie「學院」，同時柏拉圖本人自己駐院任教。紀元前三八七年這一年，在柏拉圖的生命中頗具意義，因爲他出生在第八十八屆奧林匹克運動會的第一年，而且死於第一百零八屆奧匹克的第一年，正好在他一生的中間一年，卽第九十八屆奧林匹克運動會的第一年，創設了西方第一個類似於大學的「學院」。所教授的科目很廣，包括哲學、數學、天文、動物、植物等等。

在學院中，柏拉圖起初講授的思想固然有很多來自他的老師蘇格拉底，可是慢慢地超越了蘇格拉底的思想，進入了「理想國」的境界。當然如果我們分析柏拉圖的思想，他的「理想國」的基礎是「觀念論」，「觀念論」的基礎是集合了學徒時期三大思想家的思想：卽蘇格拉底的概念eidos，實行畢達哥拉斯的輪廻學說，以及他思想最有深度的伊利亞學派的「存有」概念。柏拉圖在學院中教授生活，幾乎佔了他的大半生，後來物色自已的繼承人，原把希望寄托在廸安（Dion）身上，但是由於同學卡力波（Kallipos）的妒嫉，謀殺了廸安，使得學院無法繼續下去。幸好柏拉圖的弟子當中，出了亞里士多德，一方面承繼老師的衣鉢，一方面修正了柏拉圖學說的偏差；更主要的是，亞里士多德發展了希臘哲學的高峯。

柏拉圖的生平和他的理想一樣，他認爲感官世界是虛幻的，唯有觀念界才是眞實的，所以人生存在這個世界上，唯一的目的，是要使我們的靈魂如何經過輪廻的法則，直到肉體死後，靈魂仍然能夠返回觀念界。當然我們說柏拉圖重視觀念的世界，可是他並不是我們所想像中的消極地處理感官界，他對感官世界的把握同樣付出了極大的心思，所以他除了觀念論的哲學以外，數學的原理原則之外，還特別地研究了天文和動、植物。

柏拉圖是第一個發現在整個宇宙存在的層次當中，有物質和生命二個截然不同的存在層次，在物質的世界中，所有的東西都有一種存在的公式，也就是說「全體等於各部份的總和」。可是在生命的階層裏，在自然界之中，全體就不是等於各部份的總和，而是「全體大於各部份之總和」。柏拉圖在他的動物實驗中，認爲一張桌子或人的雙手所造出來的任何東西，把它的全體拆開變成很多的部份，然後再把這些部份湊回去變成原來的整體；但是柏拉圖解剖一隻青蛙，把青蛙分割爲各部份，然後再想辦法湊回去的時候，只是一堆青蛙的遺骸，而不是青蛙了。

在這個解剖青蛙的實驗中，顯示了一個生命體並非由部份構成，而是整體生出了各部份，關於生命與物質有不同的存在法則的問題，後來柏拉圖的弟子亞里士多德發揮得更爲詳盡，亞里士多德認爲柏拉圖所認爲的整體大於各部份的總和，是生命的特性；亞里士多德更指出了時間上的問題，認爲在生命的世界中，「整體是先於各部份」，而在物質世界中，部份是先於全體。這麼一來，生命的層次高於物質的層次，物理的法則是無法界定生命的法則的。

在柏拉圖的學說中，生命僅僅是我們人很低的一部份，在生命上面還有我們的精神和理性，柏拉圖就依照對人的認識，認爲必得創立一個學院，在學院中人應該接受教育；柏拉圖學說中的「教育」，事實上應該翻譯爲「人性」，「人性」在柏拉圖學說中的意義是，是能夠接受教育，同時把自己所學的教給他人。如此人成爲萬物之靈，所以柏拉圖創立「觀念論」，他之所以三次遠行，都是爲了要說服當時的君王，以他的政治理想，來治理國家，來發揚人性，使得人具有永恒的價值。

可惜的是，他的政治生涯沒有成功；可是他却在學術上給西方後世創立了無數的奇蹟，也導引了西方整個的學術氣氛。柏拉圖一生中都爲了自己的政治理想奔波，無論是週遊列國或在學院中任教，都在爲這件事情努力；自己終生不娶，完全爲學術鞠躬盡瘁。當然我們說柏拉圖所以獨身的緣由，是因爲他相信自己所創設的「觀念論」，而在「觀念論」的學說中，總認爲人性在這個世界上，由於人的靈魂永恒在觀念界中，「造化神」要向「善神」借人的靈魂來到世界上的時候，「善神」因爲怕整體的靈魂降凡於世作亂，所以把每一個靈魂分爲兩半，這就是世上有男女之別的理由；柏拉圖相信自己是救世者，是哲學的王子，所以不相信自己靈魂的另一半會降凡於世受苦受難，因此沒有理由去追求一個女性。在柏拉圖對「結婚」、「戀愛」哲學的想法是，觀念的一半追求觀念的另一半，而柏拉圖自己認爲自己的另一半不在這個世界上，所以也就不去追求。

直到今日，如果我們說「柏拉圖式的戀愛」，是一種平等的戀愛，男可以追求女，女亦可追求男，是整體的一半去追求另一半，而不似「基督徒式的戀愛」，後者是男的追尋自己遺失的那根肋骨，因爲在創世紀裏面說：上帝在亞當睡覺之時，看他孤獨，於是拔了亞當一根肋骨，爲他造了女人。如此希伯來人談論男女之間的關係，女的是屬於男的，所以太太屬於丈夫，希伯來式的戀愛是站在不平等的立場，柏拉圖的觀點是站在平等的立場，是一半追尋另一半。

第二次週遊在三六七年，到西西利島，晉謁廸奧尼西奧二世，在柏拉圖死前十六年，也就是第一百零四屆奧林匹克運動會的第一年，他做了最後一次的週遊，這次週遊的範圍，和以前的方式相同，主要的是在義大利的南部，但是和以前一樣，沒有一個國君敢採用他的政治理想，從此以後，柏拉圖回到雅典，靜心在「學院」中授課，經過了四度的奧林匹克運動會以後與世長辭，享壽八十歲。

第二節 著作

柏拉圖著述的年間很長，前後長達五十年，著作絕大部份以「對話」的方式寫成，可是柏拉圖的對話並不相當於中國論語一般的對話方式，我們知道論語對話的方式是問道的方式，學生問，老師作答，而老師的答案就是權威；柏拉圖對話的方式卻是辯論，在辯論之時，雙方站在邏輯上的平等地位，只要一方提出理由，另一方就得答覆，不是以他是否爲師的權威。當然我們說柏拉圖大部份的對話錄（Dialogoi），是藉用老師蘇格拉底的名譽，每一次辯論到最後，都是蘇格拉底贏了，但是這種設計，主要的是站在學理的立場，並非站在權威的立場。

柏拉圖的著作，除了辯護和書信以外，他三十五篇的對話錄，都是以「對話」的方式寫成。至於三十五篇對話錄中的眞僞問題，無法於此處涉及，因爲屬於西洋文學作品的問題，意見紛紜。他的弟子亞里士多德的著作中，提及柏拉圖著作書名的共有九篇，這九篇必定爲眞，也就是這九篇必定出自柏拉圖的手筆，至於亞里士多德著作中所沒有提到而又流傳至今，大體上我們把它們看做柏拉圖或柏拉圖主義的一些作品。

柏拉圖的著作參照他的生平，可以分爲四期：

㈠早期——

固守在老師蘇格拉底的思想中。其中有描述老師之辯護詞以及讚美蘇格拉底的守法精神。記述蘇格拉底在法院中辯護的情形。

1. Apologie：「辯護」：記述蘇格拉底在法院中爲自己的行爲和思想的三大辯護，設法指出控方以及法官判斷的偏失。

2. Kriton：「克利東」指出思想與存在，法律與法官，觀念與實在之關係；開始他的知識論，但是這種知識論還是無法擺脫蘇格拉底對於觀念和實在的問題，或概念和個別事物的關係，以及共相和差別相之間關係的問題。

在早期裏，除了這兩部敍述他的老師的生平和學說以外，還有六篇小對話錄：

1.Ion：「依盎」，在「依盎」的對話錄中，柏拉圖藉蘇格拉底的口辯勝當時口才出衆的詩人，迫使對方承認自己的「無知」，又迫使對方承認自己的知識和智慧都是神的賜與。

2.Euthyphron：「袁杜勿朗」，專門討論「熱誠」與「眞誠」的美德，以爲人生活在這個世界上，不管是對人或對己，都應該以「誠」作爲一種生活的標準，做爲人生的德行。

3.Laches：「拉赫斯」，討論「勇敢」，勇敢爲國民應有的精神，「勇」的本身就是美德，其它勇敢的事件，如爲國禦敵，勇於認錯等，只是「勇敢」下面的個別事件。

4.Charmides：「查米德斯」，討論精神的能力，提及精神的思想是清晰明瞭的，而認清人類智慧，人的智慧憑藉清晰明瞭的「知」，以及實行的「德」而表現。

5.Protagoras：「普羅達哥拉斯」，柏拉圖以詭辯學派的普羅達哥拉斯的名稱，做爲這個小對話錄的標題，主旨是反對「人爲萬物尺度」的主觀知識，認爲世界上畢竟有客觀的標準，人的理性在這客觀的標準面前，承認自己的主觀是有必要受客觀的標準來度量。

6.Thrasymachos：「特拉西馬可士」：討論正義。這篇小對話錄可以說是後來「理想國」的緒論，書中敍述政治最基本的概念是「正義」，由「正義」做出發點，才可以討論公衆的事情，才可以顧及到人和人之間站在平等的立場，過自由平等的生活。

㈡過渡期

前面柏拉圖早期的思想，尚未脫離蘇格拉底思想的方法及內容，在過渡期中，慢慢地進入柏拉圖自己思想的體系，也就是關於「觀念論」思想的架構，此期主要的有五部作品；這五部作品中，尤其以他在第九十七屆奧林匹克運動會的第二年爲界限，因爲在這一年內，柏拉圖到了西西利島，學得了畢達哥拉斯的輪廻學說，因此在這紀元前三九〇年以前的學說，差不多跟隨着蘇格拉底後天抽象的學說，也就是蘇格拉底概念抽離法的學說；紀元前三九〇年這一年以後，他學得了先天的學說，也就是先天的觀念，認爲人與生俱來就有某些知識，柏拉圖後來發揚此種思想以後，認爲我們所有的知識都是先天的，後天無法增加任何的知識。

紀元前三九〇年，在這一個年限以前有三部作品，其後則有二部作品：

1.Lysis「利西斯」：討論友誼、愛情，並且設法從友情到愛情之間指出一條通路，此部作品是後來作品「饗宴」的先鋒。

2.Euthydem「哀杜德」：這個對話錄，特別攻擊詭辯學派的詐術。

3.Kratylos「克拉杜羅斯」：是一部關於語言學的作品，尤其是關於數學中形式「數」的概念，討論「數」的意義和價值，希望透過數學中的形式「數」，走入純觀念界中。

前面的三部作品，仍然跟隨着蘇格拉底的學說，後來提及的二部作品中，柏拉圖主張人有天生的觀念，而且主張人所有的知識是先天的，此二部作品如下：

1.Menon「美濃」：首先提出所謂的「學習」僅是我們的「回憶」而已。我們一切的知識都是由觀念界帶下來的，靈魂具有清晰明瞭的觀念，可是由於靈魂降凡到肉體裏面，好像囚禁於肉體之內，受了肉體的束縛，只能以肉體的感官當做靈魂的窗戶，從這些窗戶可以透視外在世界的一點事物，當靈魂從這些窗戶看到某樣事物之時，就「記憶」起自己曾在觀念界認識此樣事物；如此在這部著作中，柏拉圖提出所謂的知識只是「記憶」而已。

2.Gorgias「格而齊亞」：是柏拉圖在「學院」中早期的作品，反對格而齊亞論斷的方式，特別以客觀的立場，討論什麼是美、善、正義以及幸福的問題。在談及美、善、正義及幸福的關係時，柏拉圖提出靈魂受了肉體的束縛；如果我們設法認識美、善、正義和幸福的問題，唯一的方式是解脫肉體的束縛。

㈢成熟期

此期的思想，柏拉圖大刀濶斧地摒棄以前的思想，使用了「觀念論」以及積極的政治學說，從事哲學的工作，這個時期主要的有六部大作：

1.Symposion：「饗宴」：討論人天生俱有追求的能力即所謂的「愛美之心，人皆有之」，柏拉圖認爲人追求美、善的天性，使得人產生「愛」(eros)。愛是生命的動力，更是從事哲學的動力，人生依恃「愛」而生活，人生也依恃「愛」去認識，更依恃著「愛」去追求。Symposion「饗宴」此書本是論文集，因爲全書構成的方式，是在某一集會中，每一思想家講出自己對「愛」的看法，此書眞正的譯名應該是「『愛』的論文集」。

2.Phaidon「費東」：如果我們說「饗宴」是關於人生的一部書，則「費東」一書則是專門討論「死亡」的對話。關於「生」的對話錄，柏拉圖提出了「愛」，關於「死亡」的對話錄，柏拉圖提出「靈魂不死」。因爲人的靈魂不死，人生才有希望，因爲有希望，才能夠有意義地生活下去，才能夠選擇自己應該做的事情，逃避自己認爲不應該做的事情；在討論「死亡」問題之時，柏拉圖只承認肉體才會死亡，靈魂是永遠不滅。

3.Politeia「理想國」：或譯爲「共和國」，希臘原文的意義是「民法」。此書共分十卷，「理想國」是柏拉圖對具體的政治理想的一個藍圖，在這個藍圖中，從教育兒童着手，一直到國家的組織和年長的人如何以教育的方式去陶冶他們，使他們成爲「理想國」中的官員或領袖。最主要的高級領導人，特別是一國之君，依照柏拉圖的看法，他必需是哲學家，如果不是哲學家的話，至少他們得學習哲學。所以哲學的王子，在柏拉圖的思想中，是最主要的、至高的位置，他應該出來治理世界、國家，參與政事。

4.Theaetetos「特亞特陀」：是柏拉圖的知識論，完全強調柏拉圖「記憶」的學說，因爲提到人類所有的知識是先天的，那麼對這種先天知識的追求，究竟屬於理性或意志呢？柏拉圖在此篇對話錄中有詳盡的交待。

5.Parmenides「帕米尼德斯」：柏拉圖用伊利亞學派中的代表人做爲這篇對話錄的標題，他的意思是想要討論觀念界中最高的一個存在，應該如何去命名的問題，然後提出整個的世界和最高的存在之間的關係是什麼。無論是在觀念界中金字塔型的架構，或在感官界中金字塔型的架構，都是顯示出「多」與「一」的問題，顯示「多」如何分受了「一」的存在。

6.Phaidros「費特羅斯」：這部對話錄中，一開始就問：「你從那裏來？」「你將往何處去？」，而這部對話錄的結尾却是一篇禱告，在禱告文中，柏拉圖希望每一個人都能夠善度此生。如此人生的三大基本問題，都有了歸宿。「生從何來，死歸何處，當做何事」，這三件問題是「費特羅斯」對話錄的中心。其實它是柏拉圖全部哲學的綱要，柏拉圖在此部對話錄中，提出最根本的存在模式，從最低層的存在開始，一步步地進入最高層，直指「善觀念自體」。整個的宇宙是整體的，而這個整體因爲共有一個「善」觀念，做爲整個思想架構的峯頂，其它所有的存在，無論是屬於精神和物質，也都是分受了「善自體」，分受了「善自體」的一點存在。

第一百零三屆奧林匹克運動會的第一年，也就是紀元前三六七年以後，柏拉圖第二次週遊西西利島回來之後，已經意識到自己「理想國」的學說不再爲各國君採用，所以思想漸漸地更爲成熟，不再像「理想國」中那麼嚴格要求，如此則進入第四期的作品時期——老年期。

四老年期

同樣有六部著作，另外加上七封書信。

1.Sophistes「詭辯」：尤其在柏拉圖年老的時期，還特別提出客觀價值的存在，對客觀價值的存在最大的阻礙，莫過於詭辯學派的人，因爲他們首先懷疑存在，繼而否定存在，完全以主觀的法則去界定所有客觀的東西。柏拉圖在「詭辯」這部對話錄中，特別提出了「分受」的概念，這「分受」的概念，是指所有低下存在的層次之所以存在，那是因爲上層存在的賜與。

2.Politikos「政治家」對話錄：他提出作爲政治家的條件。「領導」的概念應該如何去瞭解；當然柏拉圖所處的是希臘時代，希臘時代如果有疑難而無法解答之時，就去請教神話。柏拉圖這部「政治家」對話錄中，很明顯的是，借用了神話所記載的神明如何統治宇宙，使得整個世界井然有序，而政治家應該替天行道，人文世界也應當治理得井然有序，使得人文世界和自然世界最終能夠得到一種和諧。

如果在觀念界中，「善自體」是最高、最完美的觀念，那麼在感官世界中，應該有一位君王或政治家，他在整個的感官世界中，應該是最完美、最有本事的人，使得感官世界中所建立的「理想國」和觀念界的國土，有遙遙相對的類比方式。

3.Philebos「費例波斯」：柏拉圖用知識論做爲開始，以邏輯和辯證的方法，討論價值的問題，這個價值和前面提到的追求或客觀的事實，是息息相關的，因爲「善」觀念是眞、善、美的本身，所以我們追求它；並不是因爲我們的追求，而客體就變成「善」，而是因爲客體本身的「善」，所以我們才去追求。

4. Timaios：「弟邁阿斯」：是柏拉圖的宇宙論，在這宇宙論的對話錄中，柏拉圖從神話中得到許多的輔助和啓示；他認爲在宇宙最初的情況，呈現了一片混亂，唯有造化神（Demiurgos）看得過意不去，所以設法把物質宇宙整理井然有序；然後在「次序」上面，再加上人文世界的東西，卽造化神依照神話系統的介紹，向最高的「善神」借了靈魂到這個世界上來，因此人就降凡到這個世界上來，人類在這個世界最主要的是要領導這個世界，使這個世界井然有序。

5. Kritias「克利地阿斯」：是柏拉圖歷史哲學的一篇對話錄，在歷史的發展中，柏拉圖當然相信人性的進步，可是這種進步只是出現在人性上面，人性在原始時期以及以後發展的時期，由柏拉圖的觀念論去處理，認爲人在未降凡以前，是純靈魂的一種狀態，這種狀態才是人完美的境界，當造化神把人介紹到世界上來以後，靈魂根本上就失掉了自由，好似某人走進了監獄或墳墓，「肉體是靈魂的墳墓」是畢達哥拉斯對靈魂的一種看法，柏拉圖把它用來做爲人生的眞象，而人生在世界唯一能解脫的方式，就是自己，幫忙靈魂擺脫肉體的束縛，積極的方式是對眞善美的追求。人類在追求眞善美的過程當中，創造了人類的歷史，在歷史的演變中，人性總是在追求自身的完美，直到自己能夠在觀念界中和「善」觀念結合。

6.Nomoi「法律」：「法律」是柏拉圖提出法治精神的對話錄，此書亦是他最後的著作，柏拉圖自己尚未來得及整理成書，柏氏死後，由其弟子裴理伯（Philippos）出版。「法律」此書，主要的是修正了理想國的條件，因爲他認爲自己將不久於人世，所以特別嚮往神明，認爲自己會回到觀念界中；因此在「法律」一書中，他認爲神是開始，是過程，也是終了。我們人生在這個世界上，也應該有一種價值的批判，因爲知道我們的開始、過程和終了，做爲構成人生的一種意義；在認識人自己生存的意義裏面，我們也必須對整個的宇宙有一種了解，因爲唯有了解宇宙以後，才可以在宇宙中爲自己找一個定位，我們才能夠知道究竟我們從那裏來，應該往那裏去，應該做什麼事情。詭辯學派普羅達哥斯提過「人是萬物的尺度」，柏拉圖在「法律」對話錄中，一直肯定神才是萬物的尺度，我們的靈魂最肖似神明，是不死不滅的，人在死後，是要回到觀念界裏，度永恒神性的生活。

第三節 著作導讀

柏拉圖的著作是西方最早期的系統作品，也是西方最有思想的作品，因爲他是系統的作品，他的特質完全是在「明辨」這件事情上面，爲我們中國人而言，「明辨」這種思想的方式，我們很不容易進入柏拉圖的境界，在先秦諸子的作品裏，通常提及人生的境界，那麼對這些人生修養的著作，我們能夠領會其作品精華的唯一方法，就是年輕的時候把它背下來，慢慢地體會、思考和默想，希望在以後年歲增長的過程中，慢慢地體會其中的奧妙，能夠體會到人生的價值和境界。西方的作品從柏拉圖以後，走上了「明辨」這條路，所以西方人不會去背柏拉圖的著作，而是唸讀柏拉圖的作品之時，總得經過詳細的思考與辯證的方式，設法去懂得，然後就把握住它們，不必要再去背這些著作。

注重「明辨」思想方面的著作，所注重的問題，是思想的方法以及思想的步驟，也就是思想的進展；因而我們讀柏拉圖的作品，不必去背，只要明瞭他如何說理，和說理的各種層次；面對着如此多的柏拉圖的對話錄和作品，我們應該先從那一部開始呢？

照一般研究柏拉圖著作的學者的意見，很簡單的是，首先我們必需讀「費特羅斯」(Phaidros)這部書。因爲此書是柏拉圖自己思想大綱的提要，他在此書中，一開始就提出「人生從何來？」「死歸何處？」「應做何事？」，這三個人生的大問題；在這些大問題之前，柏拉圖把人性安置在宇宙的層次裏面；因爲他要探究「人生從何來？」，就要提出前世的問題；如果他要探究「死歸何處」，就必須提出人性身後來世的問題；如果探究「應做何事？」，就必須提及在這個社會上，所有日常生活的，或倫理道德、哲學思考的生活狀態。因此當我們讀完「費特羅斯」這部柏拉圖思想的大綱以後，就可以繼續讀「饗宴」(Symposion)

「饗宴」這部對話錄是柏拉圖「生」的對話錄，講人生如何追求「正義」，或「眞、善、美」的作品，在明瞭了生命的意義或特質，或如何去追求眞善美的生活以後，我們就可以進入另一個人性的極限，那就是「死亡」的問題，「死亡」對話錄就是「費東」(Phaidon)，「費東」是把人今生一直伸展到來世的生命，它希望人性能夠衝破時間、走向永恒，能夠突破空間，走向無限。人唯有站在永恒和無限的立場上，才能夠眞正地了解今生的意義。

在我們懂得了柏拉圖對「人生從何來」、「應做何事」、「死歸何處」以後，就是建立他思想體系的時候；在這個思想體系中，柏拉圖首先建立宇宙論，他知道自然界的美妙，以及人文世界如何改造自然界；要認識宇宙論，就要讀「弟邁阿斯」(Timaios)。讀完「弟邁阿斯」以後，就要在具體的生活中，找得安身立命之道，那就是「理想國」落實的計劃。「理想國」的計劃，可以說是柏拉圖的政治哲學，也是他具體的人生哲學，他要提出一個人生存在在這個世界上，應該如何教育或受教育，應該怎麼樣過一種團體的生活，應該如何爲自己的社會或國家貢獻力量。「理想國」對話錄讀完之後，就要讀「政治家」(Politikos)，把「理想國」中過於偏激的思想加以修正，如果我們說唸「弟邁阿斯」就是「知物」，那麼唸「理想國」，就是「知人」。在「知物」「知人」以後，人生還得有一個最後的知，就是「知天」，要「知天」，就得讀柏拉圖的「法律」一書；因爲在這部著作中，柏拉圖對於「天」，尤其是對人死了以後，跟生以前，與「天」的關係，與「觀念論」的關係。

讀完了這些著作，我們大概就可以瞭解到柏拉圖眞正的思想精神。

柏拉圖的著作體系，我們在著作導讀中，已經看淸他的思想，而且看出他的思想是有系統性的。在這種系統的學說裏，當然在開始的時候，是繼承了他的老師的思想方式，而蘇格拉底的思想方式，顯然地分爲兩部份，一部份是理論的，另一部份是實踐的。理論方面屬於「知」，實踐部份屬於「行」，可是最後柏拉圖還是把「知」和「行」統一起來，正如他的老師蘇格拉圖也是發展到「知行合一」的境界一般。

在「知」的層次上面，柏拉圖發展了他高度的智慧，他統一了前人思想的結晶，最先把「思想」和「存在」看成二元，視爲不同世界的層次，如此他發展了「觀念論」；「觀念論」是指出「觀念界」和「感官界」的對立，這種宇宙的二元論，然後把人安排在這個二元論的宇宙之中；也就是說，在人思想的法則和宇宙存在的法則二種對立之下，一個人就有肉體和精神二種劃分，肉體有感官作用，而靈魂有思想，思想和感官顯然地有不同的對象，也因此柏拉圖認爲是支持了他宇宙二元的說法，同時對人的二元說法。

這麼一來，如果把宇宙的二元和人的二元對比的話，那麼人的靈魂是屬於觀念界，人的肉體是屬於感官界，因爲人的靈魂和肉體成爲一體，宇宙的二元也是可以成爲一體的；所以「觀念論」的設計，大體說來，是要解釋宇宙的問題，小處看來，是要注意人的問題，要把人安置在宇宙的二元之中，使其有屬神的靈魂，同時又有屬於感官世界的肉體。那麼這種人性安置在自然世界裏面，然後再從人性與人生之間的關係，發展出國家社會的觀念，而形成「理想國」。在「理想國」所有的組織之中，柏拉圖完成了他所有的實踐部份。

從理論到實踐，柏拉圖始創通往上天的道路，開創了人要完成自己的人性，必須超昇的一條道路。我們現在就分開來討論柏拉圖的思想，首先討論理論部份，次而討論實踐部份。在理論部份中，分爲三節：「觀念論」、「知識論」、「倫理學」，實踐部份分爲四節：「宇宙論」、「人性論」、「理想國」、「宗教觀」。

第四節 觀念論

「觀念論」的構想，是柏拉圖利用了當時希臘慣用語言的方式，解釋兩個不同世界存在的可能性，他設想有一個地窖，地窖裏因爲離出口很遠，所以地面上的光線透不進地窖裏；可是在地窖裏面，有很多囚犯被綁在椅子上，他們面對牆壁，不得移動頭部和身軀。他們的頭部不能回首或左右顧盼，只得看牆壁上出現的影像。在囚犯背後有一道矮牆，在矮牆上面來回走著各種道具，此牆後面燃著一支蠟燭，這支燭光照映著矮牆上的道具，使得被縛的人面前的牆上反映出這些道具的影像，矮牆上的道具有任何的動作，牆壁上也會有這些動作的影像，這些囚犯因爲無法回頭看那些道具或燭光，所以他們天生來就認爲他們所看到的影像是眞的，因爲他們無法作任何的比較。

在這種情形之下，柏拉圖認爲如果詢問這些囚犯，世界上什麼才是眞實的，他們當然會說牆壁上反映出的影像就是眞實的，如果問他們什麼是學識，他們會說：「我記得或認識牆上的一些事物就是知識」，問他世界上有什麼眞實的東西存在，他們會指面前牆上的影像就是眞實的，這是地窖比喻的第一個段落。

第二個段落，柏拉圖就開始發問：如果這些囚犯之中的某一個，他解脫了繩子，可以移動他的頭回過去看，當這個囚犯看到矮牆上移動的道具，看出矮牆上的道具和牆壁上反映出的影像有因果的關係，矮牆上的道具移動，影像隨之而動，道具靜止，影像同時靜止；如此一看，才知道矮牆上的道具是呈現在牆壁上影像的原因，也就是說，矮牆上的道具是眞實的，而影像是虛幻的，影像是附屬於矮牆上的道具。

「地窖之喩」到此段落，柏拉圖又問：如果現在問這個能夠回頭看的囚犯，什麼東西是眞實的，他一定說，道具才是眞實的，如果問他牆壁上的影像是什麼，他會說，那是道具的影子，那些影像不是眞實的。這是「地窖之喩」的第二階段。到了第三階段，柏拉圖再假設這位能夠回頭看的囚犯，他已經知道道具和影像之間的眞相，他不但可以回頭看，而且可以解脫束縛走離椅子，所以當他走到矮牆上，看清楚那些道具，知道道具才是影像的原因；他又能夠繞過矮牆看燭光，當他發現燭光的時候，才感覺到道具也只不過是一種工具，燭光才是影像的眞正原因，沒有燭光，道具不會有任何影像。

所以當這位囚犯看見蠟燭之時，才意識到燭光才是影像的眞正原因，而道具是影像的工具。「地窖之喩」至此，柏拉圖又問：如果現在再問這位囚犯，什麼東西是眞實的，他會說燭光才是眞實的；如果問什麼東西是完全地虛幻，他會說是牆上反映出的影子；如果問道具是什麼，他會說道具僅是工具而已。柏拉圖再繼續這個比喩。

如果這位囚犯並不以看到燭光爲滿足，他要通過很長的通路，到達地窖的出口處，當這位囚犯走到地窖的出口處，必然會因爲太陽光芒的刺激而睜不開眼，過了很久，才慢慢地適應，可是當他睜開眼看，他看見陽光之下的事物、樹木、動物、人……，他才知道地窖裏面的道具是按照這些事物造成的，地面上的事物是模型，而下面的道具是產品。

柏拉圖又問：如果現在我們問這位從地窖走出來的囚犯，什麼東西才是眞實的，他會說陽光之下的地面上的事物才是眞實的；如果問他地窖裏的道具是什麼，他會說道具是虛幻的，道具是依照地面上的事物爲模型而造成的，道具只是材料而已；柏拉圖又繼續「地窖之喩」：這位囚犯不以看到陽光之下的事物爲滿足，他還要直接面對太陽，發現陽光才是使得我們的眼睛能夠看見感官世界所有事物的原因，而這些事物又是地窖內事物的模型，地窖內事物是牆壁上影像的原因。如此柏拉圖又問：如果我們問這位從地窖出來的人，什麼東西才是最眞實的，他一定說太陽才是最眞實的，透過它的光芒，我們可以看清感官世界的一切，感官世界相對於太陽而言，只是太陽光之下的形像，可是這些事物相對於地窖內的事物就成了模型或模式或理型。

從「地窖之喩」中，柏拉圖設想出二種不同的世界，就如在感官的世界中有二種不同的世界，一種是屬於地窖內的世界，一種是屬於太陽光之下的世界。柏拉圖又問：如果這位囚犯，他在太陽光之下看到這些事物之後，他會有什麼打算？他第一個想法，是要回到地窖內，告訴他的同伴，說我們看到在這牆上的影像是虛幻的，後面的道具是眞實的，而道具後面的光才是主要原因；同時告訴他的同伴，這整個地窖所呈現出來的，都是一種幻像或影像，都是虛幻的，眞正存在的是地窖上面、陽光下面的感官世界。

可是柏拉圖又要繼續發問：你想那些被綁在地窖內的囚犯，他們根本沒有見過其它的東西，除了面前牆上的影像之外，沒有見過其它東西，他們會不會相信那個走出地窖的囚犯所說的一切呢？柏拉圖用諷刺的語調說，當然他們不會相信，而且他們一定會認爲這個人瘋了，得想辦法把他打死。在這裏柏拉圖隱喻了他的老師蘇格拉底被雅典人處死的事件，認爲他的老師才是眞正地把世界的眞相知識告訴雅典人，結果雅典人認爲蘇格拉底是瘋子，褻瀆神明，煽動青年而定了他的死罪。

柏拉圖再問這位走出地窖，在太陽光下看清楚世界眞相的人，當他回到地窖內，如果恰好地窖內擧行知識論的比賽，看看誰看牆上的事物看得最多、記得最多的話，這位走出地窖的人是否還有興趣與賽？柏拉圖認爲他當然沒有興趣赴賽，因爲他對這地窖內根本沒有興趣，他要走出地窖，看看陽光下眞實的世界。

從這個「地窖之喻」看來，柏拉圖馬上用另一種方式說：地窖之於感官世界，有如感官界之於觀念界。我們在感官世界中，因爲一生下來就面對著這個感官世界，很自然地會認爲這感官世界的一切都是眞實的，在地窖內的囚犯，根本無法回過頭去看那些道具和燭光，僅僅整日面對著牆上反映的影子；我們生存在這個感官世界裏，一天到晚所碰到的是感官世界的事物，因此也無法用頭腦去想想觀念界的事物。可是柏拉圖總是認爲我們的靈魂不管如何被囚於肉體之內，好似畢達哥拉斯所言，但是總是有點靈敏和悟性，知道感官世界之外，還有超越感官世界的觀念界。

柏拉圖也就因此建構了他的宇宙論，也就因此在這個宇宙論裏面，把我們的知識論放進去，構成觀念論。在這個觀念論裏，看不見的東西比看得見的東西還要眞實，想得通的東西比看得見的東西更眞實。每一個看得見的東西都有一個影像，影像是附屬於這個看得見的東西。同樣地，所有看得見的東西都有一個看不見的東西做它的模型，所有看得見的東西都是那看不見東西的影像。因此柏拉圖認爲我們現在剛好生存在感官世界裏，可是這個感官世界正指示出有一個理念界的存在，就等於我們看到一個影子，就知道有實物存在的情形一樣。

「地窖之喩」當做數學公式來應用，認爲感官世界的太陽等於地窖內的蠟燭，而感官世界的陽光等於地窖內的燭光，感官世界陽光下所有的事物也就等於地窖內牆上所反應出的影像。如果地窖內影像是虛幻的，道具是眞實的，而燭光更是眞實的，那麼感官世界的陽光、太陽和陽光下的事物也就變成虛幻和眞實的對比。柏拉圖更進一步，認爲感官世界之於地窖內的事物，有如觀念界之於感官界。所以最眞實的東西是在觀念界中，而感官世界是虛幻的，感官界的一切只不過是「分受」了觀念界的存在，所謂的「分受」也就等於一種影像跟事物本身的關係，感官世界對觀念界的關係亦是如此。觀念界是眞實的，感官世界是它的影像，雖然影像是絕對表現出眞實的，眞實的必須有一個影像，但是畢竟應該有秩序，眞實的東西是眞實的，影像只是附屬在眞實事物的附屬品。

柏拉圖的觀念論，再繼續用思想去發展的話，就會認為感官世界之於觀念世界的關係，等於觀念與觀念之間的關係，如此一來，在觀念界之中，下層的觀念也就「分受」了上層觀念的存在。在觀念界中本身的層層上昇，也就構成了金字塔型的架構，最上的第一個觀念，是柏拉圖所謂的「善自體」、「善觀念」。這個「善」觀念是觀念界中最高的存在，也是整個宇宙中最高的存在。觀念界所謂的觀念是「分受」了「善」觀念的餘蔭而成為存在，感官世界是「分受」了整個觀念世界的餘蔭而成為存在，等於感官世界的影像是「分受」了感官世界事物的餘蔭一般。

在柏拉圖這種觀念論的學說下，我們也就懂得柏拉圖為什麼到後來要建立一個理想國，在我們的感官世界中能夠有一種政治制度，這種政治制度有如觀念界中金字塔型的架構。因此在這個政治制度裏，柏拉圖只能夠想像一種君主制度，因為君主制度中，有一個君王高高在上，這個君王是柏拉圖所謂的觀念界的「善」觀念的化身，所以他的官員和百姓，整個架構中他們和君王的關係，等於觀念界中觀念和「善」觀念的關係相同。如此柏拉圖想利用人為的法治，使我們的自然世界，能夠如同觀念界一般，建構成為一個金字塔型的架構，認為唯有人類的社會，在人為的政治生活下面，與觀念界有所相似，才能夠使得我們的生活美滿，使得人的靈魂和肉體二元，靈魂能夠回到觀念界，肉體雖然在感官界中腐朽，靈魂還是永恒的，最後還是可以得到永恒的生命。

柏拉圖的觀念論，如果放在他的思想背景裏言之，他確實是在他的老師蘇格拉底學問停下的地方開始了。蘇格拉底學問停下的地方是什麼呢？是他從知識論走向本體論的一個哲學大問題，也就是我們所謂的「概念」是什麼，這個「概念」在柏拉圖而言，是他觀念界中最高峯的「善」觀念。我們的知識是靠概念而成的，整個的觀念論是依靠「善」觀念而成的，這個「善」觀念的高峯是柏拉圖爲他的老師蘇格拉底找到最終的答案。所有的知識都有觀念和感官的劃分，有共相和差別相的劃分，有抽象和具體的劃分；具體的東西是在感官世界中，抽象的東西是在觀念界中。所以觀念界「善」觀念的發現，解決了蘇格拉底從知識論走向本體論的最終問題。

希臘哲學的發展，可以說從蘇格拉底的「概念」發展到柏拉圖的「觀念」，很顯然的是，柏拉圖這個「善」觀念，不只是知識論的終極，同時也是本體論的終極。這麼一來，柏拉圖確實是集了古代哲學的大成，因爲他這個「善」觀念，不只是可以解決先蘇格拉底時期的「太初」問題，不只是可以解決畢達哥拉斯所以爲的「數」的問題，同時對伊利亞學派的「唯一」或「單一」，和「不動不變」有所交待，亦可以解決赫拉克利圖斯「萬物流轉」的最終原因，而且更可以解釋整個機械論學派或亞拿薩哥拉斯所提出的一些最終元素，最終的精神。因此柏拉圖把希臘的二元論，甚至多元論熔爲一爐，把它們超度到他的觀念論裏，用「善」觀念以天羅地網的方式涵蓋了一切的存在，而且也推動其它的一切存在變成一個活的宇宙。

站在靜的立場看來，觀念界金字塔型的建構變成一個平面的圖，可以解釋整個宇宙的問題；站在動的方面而言，這個「善」觀念是推動了一切的存在，可以解決整個人生爲什麼要追求「眞」、「善」、「美」、「聖」……，這個「善」觀念，本身值得我們去追求，同時也吸引我們去追求，所以柏拉圖在觀念論裏，解釋整個宇宙和人生的問題，而且也因此把宇宙和人生帶向永遠追求完美的大統一。

第五節　知識論

上面已經提及柏拉圖的哲學恰好是蘇格拉底哲學停下來的地方作爲開始，而蘇格拉底所問的問題是什麼叫做「概念」，「概念」和外界事物有何關係，也就是說我們思想的內容和思想所指涉的外界事物有何關係，蘇格拉底總是認爲我們的「概念」是很多從個別的、單獨的、具體的事物當中，抽象出共相的、普遍的、抽象的「概念」。我們從很多已知的個別事物抽象出「概念」以後，然後用這個已知的概念，去形容其它許多未知的具體事物；前者是知識的獲得，後者是知識的運用。可是我們仍然要問：這個思想和存在之間拉上關係的「概念」是什麼？柏拉圖用觀念論的方式答覆說，這個「概念」，最後是「善」觀念，如果不是追求到最後的時候，它仍然是觀念界的東西。在具體的世界中，根本找不到這「觀念」所指的是什麼；我們不可能在世界上找到

「人」這個概念，因爲我們能夠找到的，只是具體的、個別的張三、李四、王五、趙六……，而共相的、普遍的「人」是找不到的。

柏拉圖在他的觀念論裏，建構了一種存在的體系，同時也解釋了知識的體系。在蘇格拉底的哲學裏，如果我們要談知識論的話，當然有一些根本的假設，蘇格拉底的假設，是三種天生的能力：

1.人的歸類能力：這種歸類的能力，是指出人如何從個別的事物裏面，抽象出「共相」，而得到「概念」。是從感官而抽象的一條路，證明我們有一種歸類的能力，能夠把一些類似的東西，抽出其中的「共相」，把它們的「差別相」或「殊相」留下，不去管它。用歸類的方式而得到的「概念」，是我們在知識論上最主要的因素。由這些元素構成了我們的判斷和推理，也就是構成我們所有的知識。

2.超越：人能夠從個別的事物中抽出「共相」成爲「概念」，然後「概念」可以完全獨立於感官事物的存在。我現在有這張桌子的概念，在我有了這概念以後，這張桌子可能因爲毀滅而消失，但是我腦裏的這個概念仍然沒有受到任何的損害，我對桌子的印象仍然存在。再譬如說，我對某人有很好的印象，我很愛他，甚至於此人已經不在人世，我對他的好印象仍然保留在我腦裏。也就是說，我們腦裏的思想，不需要外界眞實事物的存在作依憑；雖然外界眞實事物的存在，主要的是爲我們概念的開始提供了線索或可能性，可是我們思想內概念的存在，和柏拉圖所謂的觀念界的存在一樣，不會因爲感官世界的存在而有所影響。感官界可以消滅，但是觀念界是永恒存在著。

3.追求的能力：追求的能力，和超越的能力，方式相同，都不需要感官的依憑。感官只是提供一點點開始之時的可能性，然後人就可以透過自己天生的追求能力，賦予一種價值的概念，創造出價値的體系，去追求某一種東西。

人的這三種天生的能力，導引出柏拉圖的觀念論，但是它却沒有指示出柏拉圖知識論的架構；因爲蘇格拉底的這種預設，解釋我們後天之所以得到知識，解釋我們之所以保存知識，也解釋我們後天之所以追求眞、善、美的最終理由，可是沒有解釋出柏拉圖以爲的最後解答；因爲在柏拉圖的哲學裏，人類不但天生有「歸類」、「超越」、「追求」的天生能力，不只是有認識的能力，而且根本上天生有認識和追求的內容，我們天生來不僅僅能夠認識，而且天生來就有知識；甚至更進一步，柏拉圖利用了觀念論，跟他從畢達哥拉斯學派所學到的輪廻學說，他認爲人的先天，即人的前世才眞正地具有知識，而靈魂投胎於世界，走進肉體內，反而對所有的知識有陌生感，使得我們都不認得它們了；因爲在他的觀念論裏面，觀念界是最先存在的，感官世界只不過「分受」了觀念界的存在；我們的靈魂是觀念界中的一員，它在觀念界早就和其它的概念混得很熟，當它降凡到這個世界之時，受了肉體的束縛，就看得不太淸楚了。

因此眞正的知識，是我們在觀念界所認識的東西，到了感官世界，就變得不淸楚了。所以在蘇格拉底的知識論裏，人只有天生的知識能力，可是沒有天生的知識內容；但是在柏拉圖的知識論裏，剛好相反；認知能力因爲人降凡到這個世界上來而受到束縛，人的眞正知識，都是先天的。先天的知識比後天的知識清楚得多，後天的所有知識，只是靠我們的「記憶」。當我們的感官接觸到任何感官世界的事物之時，使得我們記憶起以前在觀念界所見過的東西，記得以前的觀念，應用到感官世界中。

在柏拉圖的知識論中，他提出一句相當主要的話：「你應該先是聰明的，然後才是善的」。這也就界定了西方理性主義的基礎，要以「知」做基礎，在「知」上面，建構一個「善」的體系。這句「你應該先是聰明的，然後才是善的」，指出思想和存在的關係，指出「眞」和「善」是不可分離的，是因爲人的靈魂先在觀念界住過，而觀念是屬於「善」的體系，靈魂降凡在肉體之上，由於記得觀念界的事物，即從「善」走向了「眞」，從「本體」走向了「知識」。再用知識論認知的方式，回到存在的地方，也就是說從知識論重新回到本體論的體系。

知識論裏，柏拉圖所想要討論的是思想和存在之間的關係，即我們的概念和外在世界的關係，也就是人和物之間的關係。在柏拉圖的知識論裏，隱約地可以看到他把知識分爲三級：1.知物2.知人3.知天。

在「知物」而言，柏拉圖在他的「學院」中，特別關心研究生物的問題，研究物理的問題。在柏拉圖的研究裏，生命界和物理界已經有很大的分別，也就是部份和全體的關係。在人爲世界的所有事物裏，全體等於各部份的總和，而在生命界，全體大於部份，因爲柏拉圖解剖一隻青蛙，然後發現如何去拼湊，再也湊不成一隻青蛙，生命已經遺失，很顯然地，生命界中，全體不是各部份的總和，而是全體大於各部份的總和。

這種柏拉圖式的對生命的寫照，可以說指出了物理世界和生命界的分別，同時指出人爲世界和自然世界的分別；可是就在這種分別裏，他也指出了它們之間的關係。人在觀念界的能力確實是和人在感官世界的能力不同，這種不同就等於人的靈魂和肉體的能力有所差別。

如果我們說柏拉圖的知識論，解決了人的思想和存在的關係，也就是說他在一開始，就解決了人和物之間的關係，然後想辦法解決人和人之間的關係；可是人和人之間的關係，由於他尙未進入人性論的探討中，他還是採取存而不論的態度，先提供出人和「善」觀念的關係，然後在「善」觀念裏面，去看人與人之間的關係，所以「你應該先是聰明的，然後才是善的」的方式，使得人能夠與觀念界中的「善」有所聯繫，然後再和其它人聯繫，再去認識世界上的事物。

在蘇格拉底的哲學裏，指出「善」與「知」是不可分的，認爲找到了「知」，也就找到了「善」；以柏拉圖的方式而言，恰好相反，認爲我們找到了「善」，也就找到了「知」。「知」在倫理上是中性的，因爲人類可以利用它做任何的事情，可是如果人有了意志，他才可以去實行。這麼一來，柏拉圖把「知」的行爲又變成「意志」的行爲，在「意志」行爲中，人就有「選擇」；這個「選擇」是人的價値觀念，因爲人覺得有什麼價値，才去追求它，因爲追求它，才開始去認識它；如此柏拉圖又從知識論回到他的觀念論中。人天生來就是追求眞、善、美，而「善」居於最高峯，這個「善」所表現出來的，一個是「眞」，一個是「美」。人類依靠知識的天性去追求「眞」，依靠倫理的良知去追求「美」。所以在柏拉圖的理論哲學裏，我們用三種角度去看：

1. 他的觀念論：特別討論「善」本體的存在。

2. 他的知識論：討論人如何追求眞理。

3. 美的討論：討論人如何在道德倫理的良知上，去追求生活的美。

價值在柏拉圖的學說而言，本來是主觀的，因爲人覺得它有價値，可是到最後還是變成客觀的。這是說在觀念界的「善」觀念，覺得並非我們去追求它，它才成爲「善」的；而是反過來說，由於它是「善」的，所以我們才去追求它。所以在整個知識的追求範圍而言，柏拉圖還是肯定客觀世界的眞實性是在觀念界，不是在感官世界。

我們綜合柏拉圖的觀念論和知識論加以探討之後，我們可以發現在柏拉圖的二元宇宙劃分之中，有兩條通路：從人到「善」觀念，以及從「善」觀念到人。甚至我們更進一步看來：從「善」觀念到感官世界，以及從感官世界到「善」觀念。很顯然地，一條是從下往上的道路，另一條是由上到下的道路。從下往上的路，通常是人性對眞、善、美的追求；從上到下的道路，是「善」觀念對其它的觀念，感官世界，以及人類的「分受」。

人是「分受」了「善」觀念的餘蔭，知道什麼是存在，自己分受了一點點存在。而追求亦是同樣的方式，因爲人天生來已經有了各種的知識，只要他的記憶健全，就可以記起他在觀念界中所獲得的東西，因此人會對「善」觀念所表現出來的「眞」和「美」，有一種追求的型態。

柏拉圖的知識論，就在這種先天的學說中，打好了基礎，他不只是認爲「善」觀念是先天的，而且「善」觀念下面「眞」和「美」的觀念，以及其它的所有觀念都是先天的，因爲人的靈魂在觀念界中住過。而且他永遠是從「善」觀念開始，分受了「善」觀念的餘蔭，所以我們在這個世界上所有的知識，都是從「記憶」開始。「記憶」就是柏拉圖所謂的「知識」，「知識」就是「記憶」。

同時「記憶」也是他知識論的方法，因爲「記憶」是記得以前的事物，並非新的發現；所以西洋有句話：「太陽之下無新事」，表示我們的知識，不可能有什麼新的發現，所謂的新的發現，是我們記得多一點以前靈魂在觀念界所認識的東西。如此「知識」是在我們的心靈中重現我們以前見過的事物，以前的事只在觀念界，而不是在感官界。可是這個「知」就是「憶」的學說，當然也有幾種先決的條件。

首先柏拉圖得說明靈魂的先天性，說明靈魂早就在觀念界中，觀念界是靈魂的家鄉，靈魂之所以來到此世，完全是爲了美化此世的一個構想，而因爲要美化世界，靈魂就得受縛於肉體，肉體成爲靈魂的牢獄，成爲靈魂的墳墓，這點在人性論一節中還得發揮。

現在所留下的問題，究竟知識所追求的「眞」，這個「眞」固然是「善」所分下來的最主要特性，現在要問的是什麼叫做「眞理」？也就是說，我們的知識要追求「眞」，究竟追求到什麼地步，才算是「眞理」呢？柏拉圖在這裏，把「眞理」分爲兩種：一種是「邏輯的眞」，一種是「本體的眞」。「邏輯的眞」是指我們的思想，能夠和「善」觀念聯得上關係，能夠認淸「善」觀念下面的「眞」的觀念。所謂的「本體的眞」是指我們的存在「分受」了「善」觀念的餘蔭。所以最後柏拉圖賦予「眞理」的意義是「常與已同」，也就是說一種東西如果常常和自己是相同的，即在我們的知識裏，我們「知」或「記憶」的能力，常常能夠和觀念界拉得上關係，眞正能夠記得觀念界中「眞」的表現的話，那就是「眞理」。「常與已同」就是「眞理」，「眞理」也就是眞正的存在，因爲它「常與已同」，所以不可能有任何的改變。

「常與已同」一語，如果以今日的語言言之，那就是「不變」，不受限於時空，近代哲學之父笛卡兒（Descartes），他提到的「眞理」是「淸晰明瞭的觀念」，這個「淸晰明瞭」也就是柏拉圖的「常與已同」。

然後下一個問題是「眞理」在那裏？顯然地，柏拉圖認爲「眞理」是在觀念界中，而且這個「眞」觀念是從「善」觀念分受下來的。感官世界只是觀念界的影像，所以我們認識感官世界根本就不是「眞理」，只是「眞理」的影子而已；固然我們在感官世界中可以看到一些關於「眞理」的事物，能夠推論出「眞理」是「常與己同」，可是事實上，「眞」還是在觀念裏面，還是在我們的心靈裏面，並非在感官世界中。

因爲柏拉圖的知識論，提及「記憶」的問題，那麼這種「記憶」因爲受了肉體的束縛，常常不太清楚，因此他就把他的老師蘇格拉底流傳下來的「無知」說法加以應用，認爲人性應該不斷地追求知識，不斷地反省和在內心中尋找以前在觀念界所認識的東西。因爲「無知」，所以要探究到底，使自己的腦海，能夠如笛卡兒所謂的「清晰明瞭」，一個人唯有在自己內心中有清晰明瞭的觀念，才能夠眞正認識觀念界的事物。

柏拉圖在這方面說來，是屬於問到底的方式；因爲是問到底，所以他的著作通常以「對話錄」呈現出來。對話錄眞正的意義，是指以辯論的方式，每一個問題都要追問到底，都要追尋到最終的原理原則，找到最終的解釋。當然在這裏，讀者大概會以爲柏拉圖是先有了觀念論的假設，然後再建構知識論。這麼一來，柏拉圖拿自己的假設，當做自己的答案，是否在哲學探討中，最應該躲避的事情？

事實上，並非如此，柏拉圖還是一個現實的人，因爲他是從生活體驗的認知的困難以及認識論中可能有的錯誤，所以他才假設世界是一個影子，他從他老師那裏得來的「無知」教訓，認爲我們生存在這個世界上，對知識沒有十分的把握，有時會認錯事物，甚至得到虛假的知識，因爲柏拉圖認爲世界上，尤其是感官世界的事物，應該是模糊不清的影子，這種影子是否應該有實物的存在？如果有實物的話，是否就是清晰明瞭的觀念？是否等於陽光之下能夠看到的事物。

如果我們認爲有影子，必然有實物，看見門口如果有影子掠過，就知道有人從門口走過，從影子可以推論到必有實物的思路，應該不會有什麼錯誤。可是現在的問題，仍然是我們如何去認實物呢？以蘇格拉底的抽象概念方式而言，我們說人家告訴我，那麼繼續問下去的是人家又怎麼知道的呢？如此一一推論上去，我們不得不承認柏拉圖解釋的方式是其中的一個。我們「以前」就認識，這個「以前」是表示在觀念界，如果要假設以前在觀念界認識的話，我們肉體很顯然的是有個伊始；只有一個方式，說我們是由靈魂和肉體構成的，靈魂有很多的表象和肉體不同，既然是由肉體與靈魂構成的，肉體是在這個感官世界，靈魂可以是永恒的，可以在觀念界中。靈魂的認識作用是屬於理性推理的「知」，就可以在觀念界中存在。

問題再問深一層，觀念是從那裏來的呢？觀念的價值由誰去肯定它？觀念的歸宿又是什麼呢？柏拉圖只好推論到上面的「眞」或「美」……甚至透過「眞」和「美」回到「善」的本身中。再從知識的高峯——「眞」上面，靈魂的觀念都是淵源於「善」自體的「眞」。各種觀念和靈魂都在觀念界內，靈魂降凡到感官世界中，就變成感官世界的一份子，也就是現在所謂的「人類」。人類在這個世界上，靈魂囚禁於肉體裏面，肉體有各種感官，等於靈魂坐在監獄中的一些窗戶，是唯一能夠和外界接觸的東西，如此我們說柏拉圖的知識論，還是建構了一個大的思想體系，用這個思想體系還是落實到我們的感官生活層面，還是落實到我們感官的知識論內。他爲了要拯救我們會模糊不清，偶而會錯誤的感官知識，因而設計了一個大的思想體系。

我們研究西洋的哲學，特別是希臘哲學，最主要的，並不是問他們的答案能否和我們二十世紀的科學知識聯起來，而是他們發現了一些問題，如何找出一條解決問題的道路，找尋一條化解之道。

柏拉圖就是因為在感官世界的知識經驗中，發現知識很多地方不可靠，因而要找出一條通往可靠知識之途，柏拉圖知識論的哲學意義就在這裏。

第六節 倫理學

本來我們目前哲學的想法，是知識求「眞」，藝術求「美」，倫理求「善」。在柏拉圖的學說中，觀念論的架構裏，「善」是最高事物的本身，這個「善」表現出二個特性：一個是「美」，另一個是「眞」。在知識論裏面，我們探討柏拉圖如何追求眞理，然後把柏拉圖追求「美」的一門學問，稱為「倫理學」。

「眞」、「善」、「美」本來是三位一體的，可是在我們討論柏拉圖的思想時，為了方便起見，把它分開來討論。追求「美」和追求「眞」是不太相同的。人類心靈中，追求「眞」是人天生來的認知能力；追求「美」是人心所嚮往的東西。人對「眞」的追求，可以去把握它，可以去利用它，可以把它轉變為自己知識的一部份；可是追求「美」並非如此方式。

我們追求的意義，在柏拉圖哲學裏，「知」和「愛」分得很清楚，「知」是我們認知的主體把認知的對象消化了；等於我們吃了一塊牛排，消化了它轉變爲我們的血肉。「愛」並不如此，不是使我們所愛的對象順從我們自己，而是施與，把我們自己貢獻出來；等於看到某人很有德行，我們希望自己變成他；如果看到某幅畫，其中意境美妙，我們希望自己能夠身入其境。

所以柏拉圖的倫理學的意義，並非指出人和人之間的關係，而是指出自己和自己理想的「我」之間的關係，也就是一個人認爲自己——現實存在的「我」，把自己提昇到一個眞、善、美的境界；希望自己能夠在這個境界裏，變成理想的「我」。所以柏拉圖倫理學所重視的問題，是從現實的「我」走向理想的「我」。

這條通路，在柏拉圖的著作中，首推 Symposion「饗宴」一書，此部對話錄可以說是集合了當時許多學者對「愛」的意見的論文集、演講集的方式。在「饗宴」一書中是要說明「愛」究竟是什麼；我們所有追求的能力，從感官世界中，層層地抽象上去，最後是追求了什麼東西。柏拉圖最後結論出，我們是追求「美」，人生如果生在「美」中，在「美」中承先啓後，這就是一種「愛」。

如此西方的「愛」是施與而非佔有，不只是從希伯來民族信仰得來的一句話，或聖經內的一句話，在柏拉圖的著作裏面已經有了這種思想的傾向。「愛」是施與而非佔有，因爲在「愛」中，一個人是要把自己消融在自己嚮往的境界裏；就等於一滴水落入海洋中，與海洋合而爲一，人的「愛」的傾向，是要把自己投入自己嚮往的境界中。這個境界，柏拉圖稱爲「美」的境界，因爲他認爲「善」下面有兩個特性：「眞」和「美」，都是人類所要追求的，而人類的天性有兩種：一種是佔有，一種是施與；在追求「眞理」的路途上，我們知道這是人類對於「佔有慾」的運用；對「美」的方面，柏拉圖認爲應該是「施與」的運用，表示人希望進入某種境界，而把過去的我丟棄，等於聖經中「脫去舊人、穿上新人」的解釋。

柏拉圖在討論倫理學之時，他的重心是放在人天生對「追求」的能力，也就是他「饗宴」對話錄的中心思想。在這個對話錄中，柏拉圖提出「愛」和「追求」的積極意義，提出人的「愛」和「追求」，柏拉圖有很特殊的見解，他認爲人所追求的對象，必定不是在人裏面，而且他自己至少在目前還沒有佔有它，因此他要「追求」。

這麼一來，馬上和他的觀念論學說能夠聯得起來，也就是說，人生存在這個世界上，總是有追求外在世界的心靈態度和慾望，因爲他沒有這個「愛」的對象，所以他要追求它，追求自己所沒有的東西。如此柏拉圖假設人天生來就有追求藝術的天性，這種追求藝術的天性，即「愛美之心，人皆有之」。

柏拉圖更進一步提出「愛」的消極意義，所謂的消極意義，是指「愛」本身是中性的，它不是屬「美」或「醜」的問題，它是要追求「美」。前面提到的，它本身就不是「美」，它本身也不是「醜」，它有一種追求「美」的可能性。如此，「愛」的消極意義是「愛」對「美」有一種追求的潛能；本身不是「美」，但是終有一天會變成「美」。

「愛」不但有積極、消極的方式，柏拉圖同時提及「愛」的起源，它和哲學的關係，它的對象和行動，並且特別指出了它的等級。就在「愛」的等級裏，柏拉圖引用了他的觀念論，最低級的「愛」是愛一個特定的、個別的肉體；更高一級的「愛」，是愛普遍的、超越的、抽象的「美」；第三級是靈魂的「美」，靈魂對「美」的追求；第四級是心靈嚮往一種知識，嚮往一種境界的最高等級；在最高的等級裏，柏拉圖認爲「愛」就是生命的完成。生命的完成就是自己生存在一種永恒的「美」之中，生存在一種長生不老的境界，所以他用「生在美中」去解釋所謂的「愛」的最終歸宿。

柏拉圖最後把「美」和知識論所討論的「眞」附屬在「善」下面。「善」是所有存在最終的本體，這個本體表現在知識的是「眞」，表現在倫理的是「美」。所以「善」「眞」「美」本身合而爲一，也就是指出在哲學裏，價值本身和存在本身，本身就值得追求，本身就值得「愛」，所以它才是「美」，並非我們去愛它，才成爲「美」。

在倫理學裏面，柏拉圖發展了最主要的「目的」概念，所謂「目的」概念是指一切的存在都分受了「眞」「善」「美」的自身，所以一切的存在都在追求比自己更眞、更善、更美的東西；這也就是人天生來的求生欲、求知欲和求幸福欲。這些天生來就有的追求欲望，都是指向「眞」

和「美」，而「眞」「美」最後的歸宿是「善」。

「美」「善」的追求，只有在時空之間發生，因爲到了觀念界，就已經分受了「美」、「善」的東西，已經在長生不老的境界裏，用不着有追求的事情。由於「美」、「善」的本身是永恒的，是在觀念界中，所以如果某人要和「美」、「善」結合，使得自己的追求停止的話，只有一條路可以走，就是離開感官世界，走向觀念界中。走上觀念界的意義，就是柏拉圖提出的「生在美中」，卽人的本能加上意志，加上所有追求的欲望。

「生在美中」的另一種意義，是聯合了「內存」和「超越」，「內存」卽他在此世之時，知道自己缺少「美」、「善」而去追求，「超越」是指在這個生命中，無法追求到「美」、「善」，只能夠在來世，在超越界或觀念界可以獲得，關於這一點，柏拉圖完全遵照他的老師蘇格拉底的意見。

到最後，在柏拉圖的學說裏，把這個「愛」當做全面的意義去瞭解的話，它根本就等於「哲學」，也就是用一切去衡量一切；同時是人從事哲學工作的動力，這種動力，因爲指出「善自體」表現出來的是「美」，是人追求的對象；因此這個動力指出一切都在動，一切都指向着「善」和「美」去追求。

這麼一來，整個世界都爲「愛」所推動，向着「愛」，完成在「愛」的行爲裏面。「善」是靜止的，但是它具有推動的力量，它有吸引人的力量，世界是動的，因爲它被吸引。如此柏拉圖的著作裏，也聯合了前面伊利亞學派和赫拉克拉圖斯學說，把「動」和「靜」都聯起來了；動力把「動」的目的往觀念界推，這個感官世界只變成人生的一個過程。

從柏拉圖的觀念論，透過知識論和倫理學，我們知道柏拉圖的全部理論部份，這理論部分是奠基在觀念論上面。這觀念論之中，最高有「善」觀念，「善」觀念透過「眞」和「美」來表現自己，而「眞」的追求，就是人的知識論，「美」的追求就是倫理學；在「眞」的追求裏，柏拉圖用了他的辯證；他的辯證法，使得我們如何從天生的能力，直到天生的知識內容爲止。而把所有屬於眞的東西都往觀念界推，感官世界只不過是我們知識的一個條件或一個過程。

在倫理學之中，在人性追求「美」的方面，柏拉圖用了「愛」，如此我們說在辯證法中提出的觀察、推理或記憶，所有這些力量都屬於理知範圍；但是用這種「愛」，也就是人感情生活的部份。這種哲學的工作，在柏拉圖哲學而言，知識論是無法離開倫理學的，倫理學也不能夠離開知識論；這倫理學在理論部份所討論的是要和知識論裏的「眞」一齊發展倫理學的「美」，使得「眞」和「美」完全把理論上「善」的部份表現出來，也就是說柏拉圖要指明人生在世的意義，感官世界應該做的工作，是追求知識和追求「美」，追求「眞」和「美」就成爲人生在世，所有知識論和倫理學要追求的東西。

因此我們在研究柏拉圖思想之時，一開始就應該注意這種交替運用的哲學方法，他有時用知識論求知的方式追求「眞」，有時候用倫理學追求「美」的境界；用這二種方法交替運用，使得人的「理知」和「情感」都能用在哲學上面。

柏拉圖有了辯證法，用爲建構哲學的基礎，同時又有了「愛」，去推動建設哲學大廈的工程，所以他建構哲學金字塔的高峯是屬於「眞」、「善」、「美」的境界，「善」觀念居於最頂層，其下是「眞」和「美」，再次之爲人類對「善」、「眞」和「美」所有追求的過程，這是觀念界的一個架構。到了感官世界的架構，是人生在這個世界上，如何去推動「眞」和「美」的一種模式，推動自己的內心向着「眞」和「美」去追求。

在這哲學的理論部份討論完以後，我們繼續要進入的是實踐部份，實踐部份很簡單，就是人如何利用天生的知識能力和知識的內容，去把握住觀念界的「眞」；如何利用我們的情感，如何利用我們的「愛」和「追求」，去追求觀念界的「美」。在我們感官的世界上，就能夠得到「眞」和「美」的模式，能夠追求到「眞」和「美」的生活方式，到最後能夠安息在「善」裏面。

如果要有這種具體的計劃，我們說柏拉圖就得在這個現實世界裏，建構一個能與觀念界互相呼應的政體，因爲柏拉圖總是認爲感官世界是觀念界的化身，是觀念界的影子，觀念界既然是金字塔型的架構，那麼這個世界也應該有人類所組成的「理想國」，也屬於金字塔型的架構，是君主政體的構想，在觀念界中有「善」作爲最高的存在，在理想國中也應該有一個這麼樣的哲學王子，當做是塵世間最相近於「善」的存在，這也就是我們應該有一個哲學的君王，這哲學君王領導人類，一方面領導人類向着「眞」追求，一方面向着「美」追求。

所以「理想國」是柏拉圖哲學實踐部份的最大構想，可是我們知道「理想國」是爲誰建立的呢？主要的還是爲了人，所以在探討「理想國」以前，我們還是應該先討論柏拉圖的「人性論」，究竟「人」是什麼呢？

柏拉圖的老師蘇格拉底已經提出人是頂天立地的，人有今生和來世，他的目的是要回到來世。柏拉圖的「人」，我們特別要注意的是，有多少因素他是承襲了老師，又有多少因素是受到畢達哥拉斯的輪廻思想的影響。我們在前面理論部份，已經提及人的靈魂是從觀念界來的，那麼如何從觀念界而來，又如何走進我們的感官界呢？這也就是說，要討論「人性」，還有更高的「宇宙論」，先要曉得整個的宇宙是什麼之後，我們才可能界定整個的人性具有何種價值，人在宇宙中，如何能夠頂天立地。

因此在實踐部份，首先要討論的是「宇宙論」，隨之是「人性論」，繼之「理想國」。可是談論「理想國」以後，是不是就結束了呢？事實上，並沒有完，因爲「理想國」也不過是我們在這個世界的生命過程中的一個過程而已；「理想國」不是我們生命的目的，而人生的目的，就柏拉圖思想而言，是靈魂如何藉着輪廻的方式，再回轉到觀念界去。

這種方式，就不可能是政治的理想可以完成的，政治理想可以幫助完成「理想國」，但是却不能單單依靠政治理想可以完成人性，要完成人性這種理想，就得靠「宗教」。在最後一節中，還要討論「宗教觀」，也就是他所謂的人性的心靈如何和神性結合，如何把人性眞正地完全脫離感官世界的束縛，能夠完全脫離它自己本身，超越自己本身，變成神性的境界。所以在實踐部份，最後要提的是柏拉圖的宗教觀。

第七節　宇宙論

柏拉圖宇宙論的著作，大家都知道的是「弟邁阿斯」(Timaios)。「弟邁阿斯」對話錄中，其中大部份採取當時對宇宙的認識，宇宙層次的分野或我們住的地球的構想而寫成的。不過最主要的一點，是要和他理論方面的觀念論能夠連得起來，那就是他設計了宇宙起源的問題，這宇宙的起源，柏拉圖本身雖然生於世界上，但總以爲他的靈魂曾經居住於觀念界，可是畢竟沒有參與宇宙的起源。他比喻出來的話：他自己要問自己存在的時候，自己已經存在了。這麼一來，他自己生存於這個世界上的計劃，他也沒有參與，所以他的問題，他藉別人的學說來充實自己的宇宙論。

西洋的哲學如果我們很單純地把它分爲四期的話：希臘哲學所不懂的東西，一定得問「神話」；中世哲學如果有不懂的地方，就得問「聖經」；近代哲學中，不管發生什麼難題，人類就得問自己的「理性」；當代哲學裏有不懂的地方，就得問「自然科學」。西洋學說每一期有每期的困難，但是每一期有每一期解決的方法。

希臘哲學要解決困難，就去問「神話」。神話如何告訴柏拉圖呢？神話說最古的時代，有一個「造化神」，「造化神」究竟在柏拉圖觀念界金字塔型架構中的什麼地方，柏拉圖沒有明說。這「造化神」在開始的時候，看到這個宇宙呈現一片紊亂、黑暗與無光，「造化神」覺得應該整理得有秩序。在希臘的這種思想中，從 Chaos 到 Kosmos，Chaos就是紊亂、混沌；Kosmos 是秩序的意思，後來也就演變成爲「宇宙」的意義。

「造化神」把雜亂無章的物質東西，變成有秩序，成了我們這個有秩序的宇宙；可是當「造化神」把物質世界整理得妥當以後，想來想去還是覺得不夠漂亮，如果眞是要變成一個很美的宇宙，還得分受一點觀念界的東西。這個多事的「造化神」向觀念界來一點要求，向觀念界借一些觀念到這個世界上來，使得這個世界和觀念界，能夠有一點聯繫，能夠分受一點觀念界的餘蔭，「善神」允准了「造化神」的請求，所以給了「造化神」不少的觀念，這些觀念就是人的靈魂。由於這些靈魂的光臨，和世界上肉體的結合，使得世界上出現了「人類」，同時人類的靈魂來自觀念界，它的肉體來自感官界，他的存在就成了頂天立地的存在。

這種說法雖然是神話，但是站在哲學的外圍看來，這是一種「人本」的思想，「人」還是最主要的。當「造化神」把人的靈魂借到這個世界上來的時候，柏拉圖覺得很清楚的是和畢達哥拉斯學派所說的相同，即人的靈魂被囚禁於肉體之內；人的靈魂本來是在觀念界中自由自在的，現在受了肉體的控制，最大的控制是他的二種能力；一種是認知的能力，對「眞」的追求；另一種是對「美」的追求。知識和倫理都受了控制，這是人在這個世界上受苦受難的本性。

所以「造化神」固然做了好事，美化了這個世界，但是却苦了人類，因此人類的受苦受難，並非由於他做了什麼錯事，而是因爲神明做錯了什麼。柏拉圖這種思想，根本上和古代希臘以「人本」爲中心的想法是相同的。希臘神話裏有同樣的情形，荷馬和赫西奧想辦法解決人類在這個世界上的罪惡，想辦法解決這個世界上醜惡的問題，而不是把罪惡往人身上推。不是像希伯來民族說的是人犯了罪，而是神明在作怪，神明在天庭上犯了罪，天神罰他們到這個世界上受苦受難；他們雖然取了肉軀，但是仍然興風作浪，還是爭風吃醋，與人爭這個世界的功名利祿，使得人類的世界變成醜惡。

這麼一來，我們說希臘「人本」思想從神話開始，一直到柏拉圖還是一樣。因此柏拉圖對人爲什麼會到這個世界上來受苦受難的想法，是因爲有一個多事的「造化神」，「造化神」把人的靈魂借到這個世界上來。這種宇宙觀，它本身一方面有物質的世界，另一方面有觀念的世界與之對立，可是人能夠把這兩個世界拉到一起。

這裏會出現一個問題，如果柏拉圖只承認他的觀念論，觀念界是眞實的存在，而感官界是虛幻的影像，那麼這些物質的東西是怎麼來的呢？所以柏拉圖就利用了知識論裏一個很主要的名詞「驚奇」(Thaumazein)。柏拉圖的意思是指我們面對這個物質存在的感官世界，只能夠對它們「驚奇」，因爲在柏拉圖整個的觀念論的體系中，物質的東西是不存在的，物質只不過是觀念界的影像，現在物質居然被「造化神」整理得井然有序，那麼當然值得「驚奇」。

柏拉圖的知識論裏，對外在的感官世界，用「驚奇」這個字眼來解說，是指看不懂而又無法否定它。只有對觀念界的「善」所表現出來的「眞」和「美」，我們才可以去追求，所以「追求」在柏拉圖的學說裏，是追求觀念界的東西。他的認識的另一部份就是「驚奇」，「驚奇」這個世界的存在，因爲在他的系統之中，物質是不可能在觀念界存在的。物質和觀念有什麼關係，柏拉圖也弄不清楚，所以我們對物質世界的一切的態度，只好是「驚奇」。

這麼一來，這整個的宇宙就形成了，可是我們說柏拉圖的這種宇宙觀，站在哲學的立場看，還是有幾點値得我們注意的啓示：

1.宇宙的秩序：

雖然柏拉圖承認物質的存在，承認我們對它只能夠「驚奇」，可是指出一點，就是世界不是自有的。

縱使世界中的質料可以存在，有永恒的物質；但是構成世界的不是物質，而是秩序。這個秩序之所以存在，是由於外面的一種力量；也就表示出在柏拉圖的二元論裏面，觀念界才有自滿自足的東西，感官的世界是不可能自滿自足的，它需要一個外來的原因，如果它有什麼好處的話，它是需要外來的原因或外來的力量。就好像物質世界中，本身就沒有分受「眞」、「善」、「美」；而是人類的靈魂本是「眞」、「善」、「美」的一部份，它們來到這個世界，把世界美化了。

2.「目的」的概念：

整個的宇宙爲什麼會有秩序呢？那是因爲「造化神」想把這個世界弄好；爲什麼這個世界上的秩序那麼好，有「人」居於其中管理呢？那是因爲「造化神」從觀念界借了一些靈魂下來。

3.「因果」的問題：

凡是有果就要追求一種因，物質世界本來就是零亂的毫無秩序，那是因爲「造化神」使得「它」有秩序，如此因果問題的萌牙，在柏拉圖思想內相當重要，以後他的弟子亞里士多德把它整理出來，影響西方哲學直到今天。

因爲宇宙不是自有的，它有「原因」，它有「目的」。如此最後「原因」與「目的」又回歸到觀念界中。感官世界附屬於觀念世界，又有了新的進展，又有了一種新的解釋。

我們前面說過，在柏拉圖的宇宙論中，「善」觀念和「造化神」以及觀念界之間的關係不太明瞭；可是如果宇宙論的起源論所提出的三點啓示：宇宙不是自有的，它有目的和因果的關係。我們就會知道，在柏拉圖宇宙論中所提出的最主要的是什麼呢？那是再次指證他的觀念論的假設。這種觀念論的假設，是指上有觀念，下有感官世界，而感官世界和觀念界的最主要的關係，是「造化神」居間牽拉在其中。如此柏拉圖沒有特別注重解釋「造化神」的來歷，我們幾乎在因果的關係裏可以看到一點理由；因爲提到因和果，果之所以受到因的影響而使得自己存在，因也得經過一些過程。「造化神」在這方面幾乎只是觀念界的工具。觀念界不是直接創造感官世界，而是由於「造化神」。

所謂「造化神」，如果以神話和哲學之間的意義看來，那是因果之間的過程，只是追求「目的」之間的過程。所以「造化神」使得物質有所秩序，這種秩序在後面柏拉圖的著作中，稱之爲「世界的靈魂」或「宇宙的靈魂」。所謂「世界的靈魂」或「宇宙的靈魂」是指有了這個靈魂，世界就成爲整體，所以永恒物質加上靈魂變成宇宙，而宇宙就變成「善」的影子，這個影子需要觀念界的「善」做支持；「善」和它是否拉上關係不明，「善」和「世界靈魂」的關係也不明；那麼「善」和永恒物質更沒有什麼關係。

可是最主要的到後面，還是「人本」主張，人的靈魂是來自觀念界，它是「善」觀念下面的東西；由於人的「追求」和「驚奇」二種作用，把感官世界和觀念世界二者拉在一起，拉在一起以後就構成整個宇宙的整體，上有觀念界，下有感官世界，其中曾經有一個神明經過，那是「造化神」的運動使得感官世界和觀念界拉在一起，能夠聯繫起來的中心是「人」，所以「人」是頂天立地的。

第八節　人性論

關於「人」的著作，柏拉圖的哲學裏面，可以說絕大部份的內容，是從畢達哥拉斯「宗教」的動機得來的。這種宗教的動機，說明「人」是屬於二元的，人類的二元是從觀念界二元的劃分而得出來的結論。人的二元卽他的靈魂和肉體。在人生的感受中，柏拉圖認爲畢達哥拉斯學派的學說，最能夠解釋人的精神和肉體之間的衝突，因此他也就接受了畢達哥拉斯的學說，認爲肉體是靈魂的墳墓，肉體是囚禁靈魂的監獄。

所以柏拉圖提到「人性論」，絕大部份提到人的靈魂問題，因爲靈魂是從觀念界來的，因此靈魂才是眞實的，肉體只是感官世界的部份。只不過是在宇宙論中，由於「造化神」的工作才有了秩序，事實上，我們無法以認知或「愛」去追求它，只能對它「驚奇」。

柏拉圖的「人性論」，完全站在「人」的立場來討論，完全站在討論靈魂的立場，從討論靈魂的立場去瞭解討論肉體的東西。這個靈魂在肉體的墳墓或監獄裏面，直到我們的肉體崩潰以後，才可以回到觀念界中。如此柏拉圖也相信畢達哥拉斯的「苦行」方式，難爲肉身，使今生得以解脫，是一種做人或人類超昇的一種方法。

現在問題在這裏，人的靈魂究竟是什麼呢？在「宇宙論」裏，我們知道它是觀念之一；它本來是在觀念界，和其它的觀念在一起，分受了「善」觀念的餘蔭而存在的東西；當「造化神」爲了使這個世界完美而向「善」觀念借觀念下來的時候，這些觀念降凡於肉體之內，受限於肉體，這就是我們的靈魂。所以靈魂本來是降凡到世界上受苦受難，爲了要使宇宙的秩序更趨完美，靈魂只得犧牲。

雖然我們說靈魂降凡到感官世界來受罪，他受了時間的限制，失去了自由，也失去了以前「認知」和「追求」的兩種能力；可是事實上靈魂的本質，他原來的趨向，沒有受到完全的破壞，所以他能夠在整個塵世的觀察裏面，得到觀念界的影像，還知道追求「眞」和「美」，最後是安置在「善」的境界中。

這麼一來，柏拉圖在觀察我們整個世界的時候，發現所謂的靈魂應該有三種等級，就好像感官世界中有三種等級一樣。在感官世界中，石頭、泥土之上有樹木，樹木之上有禽獸，禽獸之上有人。柏拉圖也就以上面的方式去分析人，認爲人具有跟植物一樣的「生命」的性質，具有跟動物一樣的「感覺」能力，然後具有人會思考的「精神」。如此使得中世哲學以後，對於人不同的三種存在層次的劃分，有了一種初步的設計。

所謂三種不同層次的存在，就是肉體、靈魂和精神。肉體是屬於生命的層次，他會生長，有一整體性；這種整體性，就是他之所以異於其它單純的物質的存在，這種情形柏拉圖也稱之爲「靈魂」，也就是有生命的，會有一種整體性，能夠消化其它東西轉變爲自身的東西。等於我們吃了一碗飯，然後把這碗飯變爲我們的血和肉。

「生命」之上的「感覺」，就等於禽獸一樣，它不只是有生長的能力，還有「感覺」的能力，對外界的刺激會起反應。能夠想辦法去適應環境，就好像一隻狗，外面下雨了，它會跑回家來，在房子裏避雨。「感覺」之上的「精神」，不只是有「生命」，它會生長，也不只是有「感覺」，它會適應環境，而且它會創造環境。我們覺得天氣很悶，房子內很熱，可以發明冷氣機，使氣溫趨於溫和。

這種靈魂層次的分野，其實就是柏拉圖提出宇宙間存在事物的分野；認爲越上一層的存在，同時包含下面一層的特性，可是它多了一點東西。比如動物，它一定含有物質的層次，以及生命的層次，而生命一定含有物質的層次。所有的生命體都具有物質的部份，可是又加上了生命，這個生命就是整體的能力，能夠使得它的每部份，都向著一個目標去發展。

「感覺」的層次，有如動物一般，它必然會有物質的方面，另一方面又具有生命，可是它加上了意識的層次，它對外界環境有所反應，有所選擇。到了「人」的層次，才眞正是「靈魂」。這個靈魂包含有物質的肉體，又有像生物的生命，同時又有像動物的感覺，它又加上理性。如此，人由於這個「理性」，他是分受了觀念界的「追求」和「認識」的能力而變爲不死。

這個靈魂不死的說法，在柏拉圖學說中，完全依照畢達哥拉斯的意見，認爲靈魂是屬於輪廻的。靈魂可以不死，因此可以投胎再生，如果今生所過的生活，無法使他再回到觀念界中，他還可以再次投胎成人，再次選擇自己未來的目的。靈魂不死的問題，利用畢達哥拉斯的宗教輪廻方式做解釋。

對於「靈魂不死」，柏拉圖也擧出一些論證。靈魂不死的論證可以分爲三個：

1.靈魂應該早就存在觀念界中。否則我們的感官得不到知識，我們的知識是靠「記憶」而來的，「記憶」必須靈魂應該先存在，靈魂應該有先天性。這種靈魂的先天性，指出靈魂不應該有開始，凡是沒有開始的東西，應該沒有終了，這是柏拉圖哲學理論很重要的一點。

2.靈魂是不可分的。他不像生命體、肉體或物質，他不可能被分割，不可能分的東西，在柏拉圖思想中，是不死的，它永不會被破壞或分裂。

3.因爲靈魂本身是個生命體，生命是自動自發的，它不需要別的東西去推動，如果一個東西能夠自動自發，不需要別的東西去推動的話，它就是自動的，它是不死的。那麼柏拉圖這個論證，可以說是指出了因果的關係，指出了「自動」。柏拉圖這個論證，結論出來的不是靈魂不死，而是靈魂的先天性。這個靈魂的先天性，指出柏拉圖所謂的靈魂，不會有開始，也不會有終了。

除了「靈魂不死」的問題之外，柏拉圖又提出「自由意志」的問題。這個「自由意志」是人做事或做人的最主要的一種分野。但是我們知道柏拉圖的想法，我們生存在這個世界上，所謂的「自由」是什麼呢？就是你能夠自由地去認識觀念界的「眞」，有自由去追求觀念界的「美」。而且屬於一個智者，知道感官世界的事物是虛幻的，只能夠對它「驚奇」，而不能夠「追求」。所以所謂的「自由」，就柏拉圖而言，仍是屬於智慧的問題，仍是以「知」做中心的問題。

因爲以「知」做分類，所以人與人之間有等級，即「智」與「愚」兩個等級；從這二個等級的劃分中，柏拉圖把他分得很多，認爲最有智慧的是「哲學家」，「哲學家」之下有「君王」，「君王」代天行道；次之爲官員或家長或商人，官員代君王行道；第四級是醫生，因爲他能夠認識人的疾病，治癒人的疾病；第五級是敎士，敎士代替人祈禱，替他人祈福；第六級是詩人，詩人脫離塵世的束縛，走進類似眞、善、美的境界；第七級是農民和工人；第八級是詭辯家，因爲他們故意地不去追求眞理；第九級是暴君，就柏拉圖而言，暴君是最壞的一等。

在柏拉圖的講法裏，他提到人靈魂輪廻的問題，尤其人的靈魂將來的歸宿問題，他提出具體的輪廻方式。他認爲「造化神」向「善」觀念借一些靈魂下來，這些靈魂投胎於肉體之內，受制於肉體，這是靈魂的第一次誕生，也是人在世界上第一次的出現。這第一次的誕生，爲所有的人都是一樣的；「造化神」沒有私心，他也不可能有私心；因爲他的目的是要美化這個宇宙，讓這個本來是虛無的宇宙，能夠變爲觀念界的影像，只好以一些觀念來做自我犧牲的方式。

第一次誕生以後的肉體，當這個肉體死亡以後，靈魂就離開這個世界。他在這個世上的所作所爲，他在「善」觀念那裏就得交出他的清單，由於善惡的審問，靈魂就會得到他善或惡的賞罰，這個時期是第一次輪廻的時期。柏拉圖認爲這是一千年，一千年過去以後，就有第二次的誕生。

這第二次的誕生，就不像第一次的誕生那樣，不是所有的人都是公平一樣的待遇。第二次誕生決定於靈魂第一次誕生在這個世界上所做的是好是壞。如果是暴君的話，則可能投胎在比較辛苦的階級，他很可能難以超昇。如果他投胎的是哲學家的話，柏拉圖認爲他只有一次的輪廻，死後用不着再到世界上來了。靈魂在第一度的誕生以後，通常的靈魂需要九次的輪廻，也就是說要經過一萬年，一萬年以後，才可能回到觀念界中。唯有哲學家，他只需要活一生、活一次，然後可以回到觀念界去。

人的靈魂因爲在他入世以前，是完全自由的，他在觀念界的餘蔭之下生活。那麼降凡於世界上以後，因爲他接受這個命運，其實他不得不接受這個命運，他在這個命運裏，唯一的希望是能夠追求「眞」和「美」，回到「善」那裏去。就他的生活而言，他追求「幸福」，這種「幸福」也就是他在「眞」、「善」、「美」的世界裏居住的狀態。人希望這個狀態，所以他在此生中，必須行善立功，使自己在肉體死亡以後，進入更好的等級，最好能夠變爲哲學家，他用不到再受輪廻的痛苦了。

關於人性論的問題，最後要談的是，柏拉圖對世界上人性的劃分，男女的事實有種解說。那是「造化神」向「善」觀念借一些觀念下來的時候，「善」觀念怕這些觀念離開了觀念界到感官世界來，使得感官世界太美妙了而變成觀念界，如此他想辦法叫每一個觀念分爲兩半，這也就是世界上有男女之別，這一半永遠在追求另一半，即人世間兩性互相追求的現象。

談到這裏，柏拉圖認爲自己是哲學家，所以對自己的人性看法，認爲自己是觀念界特別指派下來感官世界，拯救感官世界的有智慧的人。所以柏拉圖不相信自己的另一半到這個世界來，因此柏拉圖終身不結婚，他認爲他的另一半還在觀念界中，不在這個世界上。

在柏拉圖的人性論中，最主要的一點結論，就是人的靈魂的先天性，以及靈魂的不死論。因爲人的靈魂不死不滅，跟他的老師蘇格拉底所主張的一樣，人有來世的生命。無論這個靈魂，他有多少次的輪廻，都是暫時的，都是從另外一個世界再次投胎到這個世界上來的事實。靈魂的輪廻到了盡頭的時候，那也就是來世生命的開始；既然有來生，因此我們在今生所有的可能性裏面，都得爲來生鋪路。這種方式，柏拉圖認爲除了畢達哥拉斯個人的修養以外，還應該有一種共同的生活；也就是說，在他的觀念論中，觀念論的架構是金字塔型，在這個感官世界中，也應該有類似金字塔型的設計，這個設計就是他的「理想國」。

人應該在這個設計裏面，居於「理想國」之中，度過他的今生，團體的生活實現在國家社會內；因此我們到了這裏，就可以開始討論柏拉圖的「理想國」。

第九節　理想國

在柏拉圖的「人性論」中，人是由靈魂與肉體構成的，生命的過程是輪廻的悲劇，但是因爲人有追求「眞」和「美」的心，也就是說人天生來就會追求「眞」、「善」、「美」；因此柏拉圖還是認爲人性是「善」的。因爲這種「性善說」，使得他要在這個世界的「理想國」中表露出來。

他最先擧出的方法，是站在觀念界去看這個世界；他認爲感官世界的知識，本來是虛幻的；可是因爲所追求的對象是在觀念界的「眞」，因此知識分受了「眞」的餘蔭，分受了一點東西。站在觀念界看這個世界的時候，追求「美」本來也是一種虛幻，如果這「美」的根基是在觀念，也會分受觀念界的存在，而成爲影像的存在。所以不管是求「知」或「愛」，不管追求「眞理」或「美」、「善」，都是我們在世界上存在的一種條件，所以必須採用。

這種利用的方式，是解決人生目的的基本方法。在時間中表現出一種理想的生活，也就表明人性能夠突破時間的束縛而走上永恒的境界。同時能夠指出人的肉體，雖然是在空間裏面，受限於空間的束縛，但是精神和靈魂能夠經過輪廻的結束，而到達無限的境界。

柏拉圖在「理想國」最根本的哲學體系裏，他是以最高的「善」做開始，也是終了；人生的目的也是要回到「善」的觀念界裏，人生的歸宿也是回到觀念界。那麼他的方法，是以本性的「追求」，無論是追求「眞」或「美」，到了終極，都是追求「善」的實體。

現在要把人性的追求和觀念界的「眞」、「善」、「美」聯繫起來，而且能夠使之實現在我們的日常生活中。柏拉圖以爲一個政治的理想是必須的，也就因此他建構設計了他的「理想國」。「理想國」最主要的假設，是說人天生來在追求「眞」、「善」、「美」，追求的最主要理由，並非人去追求它們，它們才是「眞」、「善」、「美」的；而是因爲「眞」、「善」、「美」本身的吸引力量，使得人去追求它們。

人去追求「眞」、「善」、「美」，有如一株植物去追求陽光一樣，是他原來的本性。譬如一粒綠豆，它本來的體積或能力，都是非常的渺小，可是因爲它追求陽光，發出渾身解數，使得自己渺小的身體吸收水分，吸取養料，使得自身長出比自己大許多倍或十幾倍的荳芽來，綠豆爲什麼會長成荳芽呢？因爲它有追求陽光的天性，發展這種天性，使自身體積發展爲原來的數倍。柏拉圖認爲人性亦是如此，他在追求「眞」、「善」、「美」的過程中，雖然有時遭遇許多的束縛，尤其是肉體的束縛，但是這種精神的力量畢竟也可以在這個世界上創造出近乎「理想國」的事物。

這麼一來，人性之所以能夠追求「眞」、「善」、「美」，是因爲他在一開始的時候，靈魂就分受了「眞」、「善」、「美」的存在；所以他整個內心所嚮往的，絕對是離不開「眞」、「善」、「美」。在觀念界的整個體系架構而言，所有的觀念與觀念之間，觀念與「善」觀念之間，都有一種必然的聯繫。這種必然的聯繫，使得柏拉圖認爲在這個世界上，雖然人性降凡到肉體裏面來，屬於輪廻的約束。可是他仍然可以模仿觀念界的架構，而建立「理想國」的概略。

柏拉圖因此也就在這方面認爲，雖然「造化神」把我們的靈魂從觀念界借下來，目的是爲了裝飾這個世界，他以爲我們應該以人爲的力量把它扭轉過來，使得整個世界爲我們所用，使得整個世界在輪廻的過程中，助我們一臂之力，使得我們得以在這個世界上，卽在輪廻的過程裏面，獲得我們此世的意義，靈魂得以經過輪廻，回到觀念界中。

因此柏拉圖「理想國」構想的全部，以及他的意義都在他的「民法」或「理想國」(Politeia)對話錄裏。「民法」的意義是指所有老百姓的生活習慣或「追求」的最終天性。畢達哥拉斯學派發現人性的弱點，發現人性的命運；因此他們出家修道，可是柏拉圖却不以爲然，他要面對着這種人類的命運，和這種命運挑戰，他要以具體的行為、行動來組織一個有理想的社會；使得人能夠積極地利用所有物質的條件和精神的條件，建立一個在這個世界上存在的「理想國」。

在「民法」也就是「理想國」的對話錄中，他討論了構想中的國家組織，因為在當時柏拉圖時代，詭辯學派的學說還十分猖狂，他們搞亂了政治；最主要的是他們利用主觀的想法，去獲取政治上的權利。柏拉圖認為世界的存在或宇宙的存在是客觀性的，這個客觀是在「理想國」中；因此我們的政治理想，應該奠基於觀念界的「理想國」上，我們今生的生活，應該有某種尺度去遵循。人並非最終的尺度，觀念界的「善」才是最終的尺度，所以他在國家組織的設計中，一方面指出詭辯學派的偏差，一方面又指出自己的構想。

「理想國」這部書，柏拉圖用了幾乎十六年的時間才完成，而這段時間裏面，剛好是他的盛年期，也就是他遠行到西西利島回來以後，他在西西利島那兒，才眞正接觸到畢達哥拉斯學派的生活。同時他認為這種出世的消極方式，並不是解決我們人生的辦法，所以他設計了積極的「理想國」。後來他到了六十高齡之時，才想辦法寫政治和法律等的著作，來修正以前所著「民法」太過激烈的地方。

柏拉圖在「理想國」的著作中，開始最先提出「國家」的起源問題，他認為人有外在和內在的需要。很顯然地，他以為畢達哥拉斯學派所注重的是人的內在需要，可是這種內在的需要，還不足以滿足整個的人性；人性雖然本質是靈魂，但是仍舊脫離不了肉體，肉體的需要也成為人的需要之一。因此如果我們兼顧到靈魂和肉體雙方面的需要的話，就要在具體的生活設計之中，去建構一個政治的國家型態。

因爲人有肉體，所以需要他人的幫助，所以人與人之間應該有一種法律或風俗習慣去支持這種「合羣性」。因爲人的靈魂，在觀念界本來就是合羣的，他和其它的觀念或「善」觀念有一種必然的關係。所以在這「理想國」中，一個靈魂也得與別的靈魂和統治者，金字塔型的最高的哲學君王，有一種特殊的關係。所以人的「合羣性」以及由於人內在、外在的需要，柏拉圖認爲「國家」就應該有這麼一個「起源」。可是這種「起源」，柏拉圖並不以爲是人文世界的東西，而是屬於自然的東西。因爲個人不能自滿自足，他不是觀念界最高的一種存在，他有了肉體的負擔，因此成爲必需有所依賴才可能存在。這種依賴他人的存在，柏拉圖認爲應該有一種客觀的組織，這客觀組織形成他的對國家社會、國家政治，提出人和人之間的互助，共同走上人生目的的方式。

因爲人需要過合羣的生活，這種需要所結論出來的第一步，就是在國家裏的地位，應該分工合作；這種分工合作的情形，使得他把公民分爲三大階級：

最低的一級，也就是佔絕大多數的一級是平民。這些平民可以選擇各種的職業，務農、工、商皆可，這類平民負責養活所有國家的公民。

第二級是軍人。軍人的多寡視時局的變化而定，軍人的天職，是平內憂禦外患，他們整個的生活需要平民來支持。

第三級是領袖。領袖應該經過特別的訓練，因爲他代天行道。他們個人內修的德行，應該像觀念界的觀念一樣，他們對肉體的約束，輪廻的次序，應該超過了其它的人，他們的智慧和德行應該同時並進，應該高於其它的一般平民或軍人。所謂的領袖資格，應該具備三個條件：

第一個是他內在的德行。

第二個是他身體的康健。

第三個是他辦事的能力，也就是他的智慧。

爲了要訓練這特殊的領袖，所以柏拉圖在「理想國」裏，提出特別的具體的方法，這方法是柏拉圖有名的「教育」。「教育」的概念，指出人有兩種能力，一種是受教育的能力，也就是「學習」的能力；這種「學習」的能力，使人得以異於禽獸。人在學習的能力中，可以學到以前不知道的事情，可以學到天性所被蒙蔽的東西，可以學到以前在觀念界的知識。另外一種能力是教育，可以把自己學到的或對觀念論發現的東西教給他人。

柏拉圖利用這種人性的長處，在「理想國」中發展了他的「教育」。尤其是從兒童教育開始，在兒童教育裏，柏拉圖最先提出消極的方法，對於所有「理想國」內的兒童，不可以告訴他們任何關於「神話」的事情，不應該把世界上任何醜惡的事物告訴他們，凡是小孩時代所聽到的，都是「眞」、「善」、「美」的事物。

柏拉圖提出一個最主要的理由，他說，如果我們想辦法使一頭牛犢變成康健的，那麼唯一的方法，是在小牛的時代，供給它很好的牧草吃，不要拿有毒的東西或不康健的草料去餵養它。人在開始的時候，也和小牛一樣，他不應該在精神的負擔裏有任何的醜惡存在，他所聽到的應該完全屬於「眞」、「善」、「美」。柏拉圖認爲小孩子從小的時候，應該聽聽音樂的「美」，應該看看藝術，做一些好的遊戲，聽一些很好的故事。

因爲小孩是「理想國」構成的份子，也是將來領導理想國的領袖，應該特別注重兒童教育。他應該有良好的環境，柏拉圖主張應該由「國家」來教育，不是他的父母教育他；整個的教育計劃，應該由國家裏面有高度智慧的哲學家來設計。

那麼至於教育的積極方面，從小孩子開始就應該有所計劃。十四歲到十六歲之時，應該學一些詩歌，十六歲到十八歲應該學數學，學到所有形式的東西，使得人具有抽象的能力和超越的能力，能夠把握自己知識的內容，用自己記憶的方法，再次記憶觀念界的事物。十八歲到二十歲是軍事訓練；二十歲開始，不很聰明的人，可以留做軍人，身體不太好的就成爲平民，聰明的一批則可以繼續學業。求學的過程很長，需要十年的時間，也就是說到了三十歲時擧行考試，這次考試採取淘汰制度；最優秀的再接受五年的教育，這五年裏面特別重視「觀念論」和辯證法。這五年的教育是最高等的教育，畢業以後才有資格參與政治，在官場仕途中一爭，在官場工作十五年以後，也就是到了五十歲，算是「哲人」；才能夠眞正走進政界，做百姓的領袖。

剛才提到的做領袖的資格應該具備三種條件：卽他的德行、康健和智慧。那麼在國家裏面最先決的條件，就是在小孩的身上，因此柏拉圖採取了嚴厲的制度，就是「優生學」。他認爲身體不好，智能低劣或壞人都沒有資格結婚，因爲如果他們結婚以後，孩子遺傳了這些劣根性，則以後國家的領袖就成了問題。

由於柏拉圖這種優生學，他不但主張健全的人才可以結婚，甚至只有健全的嬰兒或兒童才有活下去的資格。也就因爲有這種優生學，柏拉圖認爲男女都是平等的，女孩子和男孩子一樣，接受同樣的教育和訓練，女人也可以參軍。同時實行「共妻」的制度，特別是軍人過一種單身的生活，由「共妻」的制度維持。

柏拉圖這種「優生學」和考試制度所創造出來的，很顯然的是君主政體，國君在萬人之上，他領導整個國家，柏拉圖採取君主政體的理由，是因爲在觀念界有一個金字塔型的架構，上面有「善」觀念，它統治了一切。因此柏拉圖認爲在感官世界中，也應該有一種類似於觀念界的設計，這種設計就是「理想國」的政治制度。他認爲在世界上這個金字塔型的架構，最高的君主，應該是觀念界中「善」觀念的化身。

因爲君主是「善」的化身，所以無論是在他個人的修養上面，或在身體的康健，以及辦事的智慧能力，都是全「理想國」中最高的一位。於是依照自然法律，他就應該成爲領袖。所以柏拉圖在「理想國」中，探討了所有的政治體制以後，認爲最健全，最完美的體制，還是君主政治。他認爲最壞的政體是民主政體，因爲民主政體中，眞正統治國家的是一般平民百姓，而平民之所以為平民，在整個的教育設計中早就淘汰了，被淘汰者表示他們的德行，智慧、康健尚欠理想；在這種情形之下，他們在整個「理想國」的架構中，並非十全十美，由這些人管理政治，政治可能搞垮，所以柏拉圖不贊成民主政體，因為民主政治中，如果利用詭辯學派或其它的方式，很有可能成為暴君。

所以當時柏拉圖認為民主政體是走向暴政或專制政體的一條通路，暴政乃是整個人性的悲劇。因此他走的是君主政體的路線，因為君主政體可以依照「理想國」中的教育制度，眞正「選賢與能」。因此我們可以看出柏拉圖的教育法，是慢慢地走向君主政體，這個君主必是他心目當中的哲人。所以柏拉圖在「理想國」中提出，一個國家的君主，就必須是哲學家；要不然的話，君主本身也應該唸唸哲學；因為哲學至少指出人在這個世界上，類似於觀念界的觀念，使得在這個世界上的「理想國」的領袖，和觀念中的「善」觀念有一些相似的地方。

很可惜的是，柏拉圖這個「理想國」，在他年青或盛年期的時代，有點偏激，尤其是他的「優生學」，沒有一個君主敢採用。所以柏拉圖在年老的時候，修正他的學說，雖然修正了學說，「理想國」仍然是西方純政治的理想，沒有能夠眞正地實行。

第十節　宗教觀

柏拉圖的宗教觀和他的哲學路線是相同的，他的哲學路線是指人追求「眞」、「善」、「美」

的天性。追求「眞」、「善」、「美」的哲學路線，形成了他後來所提的宗教問題。因爲人「生從何來」、「死歸何處」、「現在應做何事」這三個問題，建造了柏拉圖整個的思想架構。人的來源問題，用觀念界先天的學說安置了人的靈魂，使得人的靈魂在永恆的存在之下，走進了時空的觀念界中；這個靈魂對回到自己家鄉——觀念界的嚮往，也形成了柏拉圖的宗教情操最主要的一點。

因爲人要回到觀念界去，在觀念界中沒有被「造化神」借下來的靈魂，在柏拉圖著作中就成爲「神明」。在我們中國，人死爲鬼，在柏拉圖著作中恰好相反，沒有降凡的靈魂才是神明。雖然耶穌基督的宗教傳到西方以後，以「至上神」的觀念解釋上帝的概念；在柏拉圖哲學中，沒有「上帝」的觀念，「上帝」的概念等於是他的「善」觀念。這裏所提到的神明也就是和我們的靈魂在永恆以前就在觀念界和睦相處的觀念；人的靈魂降凡於世，就有這麼一種追求的能力，嚮往自己回到觀念界中，仍和昔日的觀念爲伍。

人生在這個世界上的時候，應該和神明有些聯繫，這種聯繫的方式，在柏拉圖的思想中，是人的祈禱和默觀。在人祈禱和默觀的生活中，使得柏拉圖在他的著作裏，尤其是他年老時最後的著作中，常常提到人死了以後，要往那裏去。什麼是神學的問題，也都在這部書中提及；而且柏拉圖想辦法用蘇格拉底以前的哲學家的方法，講明宇宙「太初」的情形，柏拉圖提出神明才是宇宙的太初。這種說法使得人和世界的關係以及將來人生的歸宿問題有了一種答案。

在當時，尤其是在他「理想國」的設計中，有的弟子曾經問過柏拉圖關於神明的問題是怎麼個說法，柏拉圖直截了當地答覆，關於神明的問題，最好別談；尤其勿像荷馬詩篇中，把神明說得那麼壞，對神明不敬。我們在「理想國」中，要告訴小孩的是他做人的道理，關於神明的問題，等他年長才告訴他們。

這麼一來，柏拉圖在他整個的體系中，我們所知道的，一個是「善」觀念和他的「造化神」的關係搞不清楚，第二個是神明和他的「善」觀念的關係也是籠統不清。因爲柏拉圖在宗教觀中提到的神明，被基督教引用做上帝了，可是柏拉圖自己本身仍然認爲神明是人的靈魂從前的朋友。所以在他的著作中提及，如果要提神明，研究神學的方式，主要的是要解決人死往何處去的難題。利用此世的生平、生活和修行，使得靈魂得以經過輪廻的結束，超渡到來世，回到觀念界和神明共處。

可是如果觀念界的存在，無論是在知識論或本體論方面，是屬於辯證的話，柏拉圖當然在他的對話錄中提出這個論證，提出神明的存在，也提出這個世界需要「造化神」或神明去推動它，使世界變得井然有序。柏拉圖在此提出了神存在的論證：

第一種論證是利用運動。

柏拉圖認爲感官世界是虛幻的，但是仍然變動不已，就連人類也是不停地向上追求「眞」、「善」、「美」，是我們一種內心內在的「動」，這些「動」都是事實。在柏拉圖思想中，動有兩種：一爲自動，二爲他動。自動是自己內部的運動；比方在柏拉圖的實驗中，生物是自動的。他動是從外界來的動力；比方方位的移動，一塊石頭從甲地移至乙地。柏拉圖經過他的思考和觀察，認爲無論如何，所有的他動最後都得回歸到自動。

自動的本身是生命，生命的最高峯，柏拉圖認爲是神。在我們這個感官世界中，有秩序也有紊亂，柏拉圖把紊亂歸於惡神，秩序歸於善神。整個的世界就是 Kosmos，Kosmos 的意義是秩序，卽我們說的宇宙。也就是說，柏拉圖還是承認經過「造化神」所設計、疏導的世界，屬於有秩序的世界，屬於善神所管的世界。

當然我們說，用這種運動的辯論方式，所證明出來的，並不是說西方的上帝的存在方式，而是證明所有物質的運動，他動和所有方位的變動都需要一種自動的東西。這種自動的本身就是靈魂，就是神明。

如果我們提到柏拉圖的純辯證的方式，不是提到感官世界的東西，完全是用思想類比的方式。很淸楚的是他利用了感官世界，然後提到感官世界裏的東西，比方人有一個影子，這影子的世界和人的世界的關係，柏拉圖就用來比喻時空界和觀念界的關係。同樣地，把時空界和觀念界的距離，拉到觀念界和「善」觀念本身的距離。

所以在柏拉圖的辯證法裏，要提出神的存在的問題，他就會提出影像界、時空界、觀念界和「善觀念」本身。這四種境界中，每一境界和另一境界之間都是相同的距離。在影像界中，我的影子本身根本沒有存在，它的存在完全依附在我的身上，沒有我就不可能有我的影子。時空界就等於我們現在的一個存在，但是這個存在並非獨立的，因爲他內在有一種動，是追求「眞」、「善」、「美」的一種動，他不能夠靜止的，除非他得到了「眞」、「善」、「美」。如此柏拉圖認爲這種依附的關係，有如影子依附在我身上同樣的情形。

如果我們說時空界的事物是依附觀念界的事物，那麼觀念界應該是自滿自足的，可是觀念界本身也不是自滿自足的，而是由「善」觀念所賦予的一種存在。整個的觀念界嚮往着「善」自身，等於我們嚮往着觀念界一樣。這四個層次的存在，使得柏拉圖的辯證有了一個頭緒，他從影像界開始，透過時空界、觀念界，最後找到神、神明。

因爲在影像界、時空界有秩序，所以柏拉圖認爲神有兩種，分爲善神與惡神。等於人自已本身靈魂和肉體的關係，有的時候是善，有的時候是惡一樣的方式。

當然柏拉圖研究神明的目的，是要解決將來死往何處的問題。「死往何處」這難題，使得柏拉圖認爲人在這個世界上應該和神明交往。究竟如何和神明交往，柏拉圖利用畢達哥拉斯的宗教情操的方式，看破此世，使靈魂得以脫離肉體的束縛，最後就是「肖似神明」，跟神明相似，也就是我們生活的目標。神明在觀念界沒有降凡，不受肉體的束縛，所有的罪惡，紊亂和醜惡都是在感官世界裏，是我們的肉體。如果我們「肖似神明」，那就是解脫我們肉體的束縛。

這種人神的交往，是人性智慧的最高峯，即柏拉圖的宗教觀；柏拉圖自已到了人生極限之時，總認爲人每次遇到主要的問題的時候，應該祈禱，比如結婚或喪儀，都應該做這樣的工作。

他自己的「費特羅斯」的對話錄，是他整個思想架構的濃縮，在書的結尾，他提出一篇祈禱文，祈禱最高的神明以及衆神，能夠給予他內在的美；求神明使自己，凡是世界上所必需的東西，他都能夠擁有，必需以外的東西，他不去貪求。只希望自己有很高的智慧，有內在的美、善，能夠滿足這個現實，去追求「眞」、「善」、「美」自身。

柏拉圖的哲學體系，舖設了以後西洋哲學之路。他用他的體系，在縱的方面，包括了知物與知人，知天這三知。在橫的方面，他注意到人生的三度時間性：即前世、今生和來世。雖然我們說柏拉圖這個二元，特別是絕對二元的宇宙觀，和他絕對二元的人生觀，雖然不是可以完全解決宇宙和人生的問題；但是至少開創了西洋哲學最主要的通路。

柏拉圖對於宇宙、人生的問題所提出的答案，雖然滲進了許多神話的色彩，使得答案的內容有些偏狹；可是站在整體的立場而言，站在柏拉圖把人放在宇宙的核心而言；尤其是賜給人的內心一種超越的能力，他能夠超越物質、肉體，甚至超越自己的存在，走上觀念界，走上完人的境界。那麼也就算是柏拉圖的哲學啓發今後所能夠走的一條通路。

柏拉圖對精神價值的肯定，可是他又用「理想國」，並沒有忽略物質生活的條件，這種以整體看整體的哲學方式，可以說是以一切去衡量一切的哲學方式。對宇宙、人生的問題等量齊觀，把從探討宇宙所得到的二元，應用到人性的二元中，使得人性的二元能夠在宇宙的二元之中，一步步地超越自己，走入完美的境界，這可以說是柏拉圖對西方思想的啓發，也是他的哲學最高明的地方。

第四章　新柏拉圖學派

柏拉圖死後，弟子們仍舊留在他的「學院」裏，繼續柏拉圖所研究的哲學，他的弟子們所討論的問題不外乎三種：

第一種問題：討論他的觀念論深奧的內容。提出觀念界和感官界如何聯繫的問題，也就是提出整個感官的世界和觀念界整個的觀念，每一個感官界的事物和觀念界的觀念有什麼關係。

第二種問題：討論感官知識和思想之間是否有關係，當然第二個問題若要解答，必須得解決第一個問題。

第三種問題：完全站在倫理道德立場，站在羅馬文化的立場，討論「快樂」的問題，討論人追求出「幸福」，什麼才是人眞正的「幸福」。這個「幸福」和我們所感受的「快樂」是否相同。

就從這三個問題出發，今後五百年期間，發展了「新柏拉圖學派」（Neo-Platonism）。這個新柏拉圖學派，可以特別注重行爲的問題，也就是特別重視內修的問題，卽利用畢達哥拉斯宗敎情操的學問，稱爲「新畢達哥拉斯學派」（Neo-Pythagoreism）。另外一支是想辦法把柏拉圖宗敎哲學的東西推展到耶穌基督的一種思想，把希伯來民族的信仰轉移到柏拉圖的哲學體系的斐倫（Philon）。最後一個是眞正在羅馬帝國整個文化衰微的時期，企圖拯救當時思想危機的普羅丁（Plotinos）。

普羅丁眞正應用柏拉圖的體系，想辦法以宇宙整體的層次，說明觀念界才是我們的歸宿。物質的世界只是過程，不是我們的目的。普羅丁的這個設計，是爲了要打破當時西洋人的黃金夢，因爲在當時羅馬人本主義的精神，使得人類在開始追求此世的繁華富貴，尤其是追求物質裏面的金，他們開始煉金術，煉金術迫使人類的精神生活一落千丈，變成物質的追求。

第一節　新畢達哥拉斯學派（Neo-Pythagoreism）

當柏拉圖的思想，或根本上就是當希臘的思想走進羅馬帝國以後，他們想辦法適應羅馬人的習慣，注重「修身」的問題；也就開始出現輝煌的羅馬政治，它東征西討的戰爭固然很多，但是有不少人認爲只利用外在的聲望和光榮，還是無法完成人性，完成人性還得在我們的內心中，從事「修身」的工作。這種注重內修的方式，剛好在以柏拉圖二元論爲根基的畢達哥拉斯學派有一個理論的基礎。

「新畢達哥拉斯學派」跟隨着畢達哥拉斯學派所提出的齋戒、祈禱、出家修道這些方式，用來超渡自己的人生。他們相信輪廻，相信來世，相信輪廻也只是過程，到最後所有輪廻的結束，已經是盡頭的時候，人就可以到達極樂世界。

這種思想可以說是極端的二元論，因爲在這種學說裏面，生存在這個世界和在彼岸的世界，是截然不同的生活方式；這兩個世界的比喻，好像在感官世界是醜惡的，在觀念界中是善的；這善與惡的對立，形成觀念與感官的對立，同時也形成了此世與彼岸的對立。人生在這個世界上，按照新畢達哥拉斯學派的看法，認爲齋戒、祈禱，使得成爲靈魂墳墓或監獄的肉體，不能夠有任何享樂，不可使它奴役我們的靈魂；而是反過來，靈魂要奴役肉體，脫離它的束縛，做它的主人；因爲靈魂在這個世界上可以統治肉體，在來世中就可以超越所有肉體的束縛，以及物質和感官世界的束縛，成爲一個完人。

這新畢達哥拉斯學派的代表當然很多，不過在他們當中，大部份都注意到羅馬人和希臘人的生活習慣、倫理、宗教、政治，甚至他們的哲學，也想辦法集大成；用「修身」的方式把這些理論實行出來。所以新柏拉圖學派的學說中，大部份注重實行。把老師柏拉圖所無法實現的「理想國」，重新用「內修」的方式，以個人能夠做多少就做多少的一種信念，去設計人在這個世界上的生活，補柏拉圖不得實現的「理想國」的不足。

第二節　斐倫（Philon Alexandria, 25 B.C.-40 A.D.）

斐倫的年代，剛好是希伯來民族耶穌基督的信仰傳到羅馬的時期，而他想辦法把柏拉圖的學說和希伯來民族的信仰聯繫起來；所以他最先以柏拉圖認爲最高存在的「善」觀念，當做是希伯來民族的至上神。

上帝創造了一切，保存了一切，領導了一切，他也認爲這種創造或領導、保存，和柏拉圖學說中的「分受」有相同的價值。在另一方面，上帝的創造物——人，對上帝的嚮往，和柏拉圖所提出的人心對「眞」、「善」，「美」的追求，到最後是相同的。這麼一來，斐倫把柏拉圖的宗教觀，尤其是「肖似神明」的宗教觀，在希伯來民族中說人的靈魂是上帝的肖像，完全聯起來。

他認爲不管站在人的立場，或物的立場，或天的立場，知人、知物、知天這三知，在希伯來民族的信仰和柏拉圖的哲學思想都能做一個對比；而且以爲二者可以相輔相成。所以最後斐倫提出實行的方式，認爲整個宇宙是一體的，所以人應該脫離自己獨立的存在，把自己的存在消溶於宇宙的存在中。提倡「忘我」的學說，「忘我」的方式是，用自己節制的行爲去修行。

這種節制的方式，最後還是走入了「神秘主義」，「神秘主義」是指人活在肉體中，但又不屬於肉體，也不受肉體的限制，等於說自己已經走出自己的圈子，走上自己以外的目標，這個自己以外的目標，就是上帝本身。

斐倫在哲學上的貢獻，是把希臘的精神價值和希伯來的宗教信仰聯繫起來，做了一個很初步的比較，做了初步的融通，構成了今後基督教哲學得以在西方延長一千多年的基礎。

第三節　普羅丁（Plotinos, 204—269 A. D.）

普羅丁通常被人視爲新柏拉圖學派的代表，因爲在當時，羅馬帝國統治西方白種人的時代，最少有六百年之久是文化衰退的時期。這個衰退的時期和奧林西克精神有很大的關係，因爲奧林西克的精神是要佔有世界，是以比賽競爭的方式，使得他人成爲自已的奴隸。

由這種競爭的方式，使得人類企圖佔有世界，也佔有他人；佔有世界，是指要世界最好的部份，在當時知道的是黃金，上自知識份子，下至普通百姓，都在煉金；認爲加點泥、土、醋、油煮煮燒燒，就可煉出黃金。這種迷於金錢物質的心理，是羅馬文化衰退的最主要原因。佔有他人的方式，就是當時的征戰，殖民和奴役。羅馬時代的奴隸制度，比之於希臘，是有過之而無不及的。

普羅丁有鑑於此，他想拯救他們，所以從柏拉圖整體的哲學中，設計了整體的宇宙觀。認爲整個的宇宙是一體的，最高的存在，普羅丁稱之爲「太一」(to hen)。「太一」的意思就是有這麼一種力量或本質，能夠使得宇宙成爲一體。「太一」如何使整個的宇宙成爲一體呢？普羅丁利用了柏拉圖的整個哲學體系，柏拉圖用「分受」的方式，認爲整個宇宙都分受了「善」自身的存在；普羅丁認爲「太一」不只給予世界整個的存在，同時它自己等於「光」，用「光」的方式來比喻「太一」。

從「太一」照射出來的「光」，凡是鄰近「光」的就是柏拉圖的觀念界，凡是離它較遠的，就成爲柏拉圖的感官界。感官世界中純物質的層次，是離「光」最遠的，成爲「光」的陰影。陰影的存在是普羅丁純物質的世界，普羅丁之所以提出這些，是因爲他認爲黃金也是純物質的，人類如果追求黃金，而忽略了觀念界或精神的生活，等於我們在追求幻影，追求瞬息卽逝的物質，而沒有追求永恆的價值。

當然普羅丁在羅馬帝國文化衰退的時代，雖然是一個救世者，但是可惜的是，他的哲學並未成功。也就是說他沒有把學術的東西好好地拉回來。這點情形有如我國的王弼和何宴，在秦漢以後，想辦法拯救衰頹的文化，想法回歸到原始的儒家或道家的精神裏面，可是却也並未成功。雖然普羅丁沒有成功，但是他整個的精神，他的「流出說」，以「太一」做爲希伯來民族的「上帝」的方式；而不用創造的絕對的二元方式，而是單元的宇宙來設計，使得人雖然生於這個世界上，有靈魂和肉體的二元，這兩個二元在「太一」的觀點之下，還是屬於單元的。

他最先的生命、光亮或存在，仍然是「太一」。所有的東西都是從「太一」那兒流出來的。所以有同樣的本質，這種相同本質的東西，因爲我們人類和上天是同一個本質，如此我們與生俱來會追求上天。這種追求形成了人生和宇宙之間的「向上之道」，走向上層的道路。以柏拉圖學說中的講法，人還得回歸到觀念界去。

除了人追求「太一」或光明、「眞」、「善」、「美」或「至善」的「向上之道」，當做是人生的哲學之外。在宇宙論方面，恰好反之是「向下之道」，「向下之道」指「太一」如何把自己的本質流向觀念界，再流向感官界，甚至流到純物質的世界中。雖然它用「光」的方式，到了純物質的層次，已經成爲陰影，而它上面才是眞正的光明。我們的靈魂也就因此屬於光明的境界，雖然它走到肉體中，受制於黑暗，有了陰影，但是如果我們的內心能夠走出自己的束縛，解脫對功名利祿的束縛，還是可以回到觀念界中，接受「太一」的光照，使得我們仍然可以超度。

普羅丁這個學說，「向上之道」與「向下之道」兩條路可以聯繫，因爲他認爲「流出說」的方式，從「太一」就流出了精神，精神就流出了我們的靈魂，那麼透過靈魂，又流出了整個的自然。所以在整個自然中，每一種物體和物體之間，普羅丁發現有一種依賴的存在。

普羅丁的哲學，可以說影響了很多的學派，影響了很多後來的弟子，尤其是西方以「心靈」爲中心的哲學，一直到今日，仍舊受着普羅丁的影響。因爲從普羅丁那裏，我們可以追溯到柏拉圖的哲學，無論是普羅丁或柏拉圖，他們都主張人的內心對「至善」的嚮往，等於套一句中國的想法，就是「存天理、去人欲」的哲學思想。

第五章　亞里士多德 (Aristoteles, 384–322B.C.)

柏拉圖爲了解釋我們的知識而創立了「觀念論」；爲了我們將來的歸宿，使得靈魂和肉體成爲絕對的二元；靈魂以前在觀念界住過的事實，用來解釋我們現在的知識。可是亞里士多德認爲，如果我們以前在觀念界住過，記得觀念界所交往的所有知識，可是如何會忘記自身在觀念界住過的事實呢？

就因爲亞里士多德，不滿意老師的這種學說，就另外提出一種更切實際的解釋。在西洋哲學的發展中，尤其是在希臘哲學方面，如果我們說柏拉圖把整個的感官世界放入觀念界中，站在觀念界的立場去瞭解這個世界的話；亞里士多德則要把這個世界當做眞實，把觀念界拉下來，在我們的感官世界中認識它。因此柏拉圖是屬於理想的，屬於觀念論的；而亞里士多德則屬於現實的，屬於我們感官世界中的一個人。

在文藝復興時代，有一位畫家辣法厄爾 Raphael，畫了一幅題名「雅典學派」的畫；在這幅畫中，以柏拉圖和亞里士多德二位大師爲中心。柏拉圖右手指向天，左手拿着他的「弟邁阿斯」對話錄，亞里士多德則右手向前平伸，左手拿着他的「Ethika」倫理學。

這幅畫可以說瞭解了雅典學派中，這兩位大師的思想。柏拉圖的右手指向天，表示他的學說，他的眞實世界是在天上，在觀念界；左手所拿的是他宇宙論的對話錄，指出柏拉圖的宇宙論影響西方後世甚鉅。亞里士多德的右手向前平伸，表示他所認爲的眞實世界，是這個平實的世界，並非遙遠或想像的觀念界；左手拿着的「Ethika」，和他的具體生活有很大的關係的「倫理學」。

柏拉圖重視整個宇宙的架構，而亞里士多德着重做人的道理。所以柏拉圖注重「宇宙論」，亞里士多德注重「倫理學」。

第一節 生平

亞里士多德生於第九十九屆奧林匹克的第一年，他十八歲的時候，才進入柏拉圖的「學院」，在裏面逗留了二十年，直到柏拉圖逝世爲止。在柏拉圖死後，亞里士多德和其它的柏拉圖弟子相同，去週遊列國。他在週遊期間，創了類似柏拉圖「學院」的學校，在這個學校中教授哲學，討論宇宙和人生的問題。可是這個學院屬於赫而米亞斯（Hermias），由於當時波斯人入侵，俘擄了赫而米亞斯，學院隨之結束，亞里士多德亦開始了逃亡的生活。

直到奧林匹克第一零九屆的第二年，亞氏才寄食於斐理伯（Philippos）門下做家庭教師，教導當時年僅十三歲的亞歷山大大帝（Alexander）。亞歷山大大帝當政以後，亞里士多德隨之入雅典，也就是在第一百一十一屆奧林匹克的第二年，卽紀元前三三五年之時，亞氏創立了利克安（Lykeion）學院，因爲這個學院所在的地方，以及學院的教學方式屬於自由交談和自由起坐走動，後人稱這裏的學生爲逍遙（Peripatetikos）學派。

亞里士多德有很多的著作，尤其是在利克安學院教學的心得，也記載於書籍中。在利克安所教授的科目有哲學、歷史、自然科學與政治學等等，在這個地方亞里士多德過了他最得意的十三年；一直到大亞歷山大大帝死了以後，反對黨得勢，亞里士多德又重新過他逃亡的生活，這是在第一百一十四屆奧林匹克運動會的第二年。一年之後，亞里士多德客死異鄉卡而奇士(Chalkis)，享年六十又三。

相對於柏拉圖的生活方式而言，亞里士多德屬於具體的人，生活在具體的世界中，所以他也結婚，育有子女，並且特別着重人倫的生活，對他家裏的僕人和奴婢都很慈善，到了一定的年齡，都解放他們成爲自由人。亞里士多德在開始的時候，非常信任柏拉圖的學說，可是慢慢地由於柏拉圖對觀念界的嚮往，而把「理想國」也變成一種純粹的理想而無法實行，因此亞里士多德就自己另起爐灶。他自己說：「雖然眞理和柏拉圖都是我的朋友，但是在兩者之中，我還是要先選擇眞理」。

就在亞歷山大大帝死了以後，亞里士多德之所以逃亡，他提出和蘇格拉底不同的理由，他說：「爲了避免學術再次地受迫害，爲了不使得政治家再有一次亞色比的大審，再次犯殺害哲人的罪」而開始逃亡。

第二節　著作

我們讀柏拉圖的著作，會覺得把龐大的體系從彼岸向此世延伸，不自覺地會走進崇高的理想體系裏，有一種深邃的精神享受；但是如果唸完柏拉圖的著作，再唸亞里士多德的著作，就會覺得完全進入了另外一種體系，這種體系並非由彼岸伸到此世，而恰好相反，是由此世伸展到彼岸；因此在亞里士多德的著作中，所涉及的問題比較多，討論得也比較複雜。他的著作與著作之間的關係，比較起來不像柏拉圖那麼連貫，因爲他每一門學問幾乎都可以分開來獨立研究，他不像柏拉圖著作的整體性，不能夠斷章去讀。

當然我們在這裏，並非說亞里士多德的思想沒有體系，相反地，他的體系是很清晰的；是從知識論走向形上學，再從形上學走上倫理學，然後從倫理學，走向藝術的境界。也就是說，希臘文化基層的形式，是先做智者，有知識的人，然後再做有倫理道德的人，以後做一個有藝術才情的文人。

亞里士多德的著作，就我們所說，他自己把他分爲兩部份：一種是公開的言論（Exoterikoi Logoi），另外一種是未發表的言論（Akroamatikoi Logoi）。公開的言論大部份是他年輕時候的作品，和柏拉圖的著作相同，屬於對話錄；到目前關於這些作品，只遺下些許斷片。沒有發表的言論，大部份是在阿索斯（Assos）和利克安的講義。這兩類著作，一直到紀元前六十年到五十年的期間，才由弟子安德羅尼可·羅多斯（Andronikos Rhodos）整理出版。這些遺稿其實也很亂，學說的秩序和年代的聯繫也不清晰。這種亞里士多德整體的著作，還是要等到一九二三年，才由耶格爾（W. Jaeger）整理出來，寫了一本「亞里士多德學說發展之探討」（Aristoteles Grundlegung einer Geschichte seiner Entwicklung），從此我們才知道亞里士多德著作的分類及先後問題。

依照耶格爾的研究成果，亞里士多德著作的分期如下：

第一期　是柏拉圖學說延續的時期。

其中有二部主要的著作：

a 歐德謨斯（Eudemos）：討論靈魂的先天性及不死性。

b 普羅特例弟可斯（Protreptikos）：強調哲學的生活完全依賴觀念界的準則。

同期還有論正義、政治家、詭辯派、論善、論觀念、論禱告等短篇。

第二期　過渡期。

過渡期也有兩部主要的著作：

a 論哲學（Peri Philosophias），共三卷。第二卷就開始批判柏拉圖的觀念論。第三卷亞里士多德就道出自己的宇宙觀，同時也有了形上學中的「不動的原動者」概念。

b 雅典國策（Athenaion Politeia），一卷。書中提出一百五十八種國策，附錄中也談到當時羅馬和迦太基的政治，此書在一八九一年才被發現。

第三期　成熟期

此期是在利克安學院的講義。這期著作有系統而且非常多，又可細分爲五大類：

1. 邏輯著作：（後來被統稱爲工具書 Organon）工具書着重兩大問題，第一個是證明的方法，第二個問題是證明的原則。亞里士多德針對第一個問題，發明了三段論法；針對第二個問題，亞里士多德指出思想與思想之間的因果關係。因此在著作中，分爲前三部的著作，以及後三部的著作：

a 前三部討論三段論法的結構：

(1) 範疇（Kategoriai）：說明存在的種類。首先提出概念的獲得，然後討論事物的實體存在的方式，進而指出其在理念中之可能性。事物除了實體以外，還有九種範疇。

(2) 論註解（Peri Hermeneias）：討論判斷。兩個或兩個以上的概念，把它們聯合起來或分開，就會形成判斷。概念無所謂眞、假、對、錯，判斷却有眞、假。

⑶分析前論（Analytika Protera），討論三段論法中的推論。說明三段論法中只能有三個名詞，並指出三個名詞相互之間的關係。

這前三部的著作，說明了三段論法的結構。

b後三部指出三段論法的種類，前提與結論的關係，分成三種三段論法的結論情形。

⑴分析後論（Analytika Hustera）：討論定義、分類、證明。

⑵論題（Topika）：論可能性的結論。

⑶論詭辯派之漫駡（Peri Sophistikon Elenchon）：指出辯論應當注意的事項，以及指出詭辯學派的謬論。

2.形上學的著作：

⑴自然哲學（Physike Akroasis）：共八卷，也稱爲物理學。著作中注重於所有存在的分類，從死物到生物，從生物到動物，從動物到人，從人到神，劃分出存在的等級。

⑵形上學（Ta Meta ta Physika）：原名第一哲學，或神學。本來此名的原義是指「物理學後面的一部書」，共十四卷。討論最終的存在，討論終極的原因，討論存在本身的著作。形上學本身不表示任何一種信仰，而是說明做學問的方法，這個方法超越了所有的自然科學。亞里士多德死後才集成的一部著作。

3.自然科學的著作：

亞里士多德在這些著作中，主要的是收集當時科學資料的成果，加以觀察、分類和批判，提出合理的哲學結論。

(1)論天（Peri Ouranou）：共四卷，主要的是討論運動的問題。以爲萬物都在運行，事物都在生滅；然後由運動的事實，以及生滅的現象，進而推論出運動變化的原理原則。

(2)論生滅（Peri Geneseos Kai Phthoras）：共二卷，特別討論生滅現象的形成因，以及指出事物形成的三個階段，元素之個別特性的歸類，元素與元素之間的共同因素，以及元素與元素之間相異的因素；三者聯合爲一，或分爲整體之部分。

(3)論氣象（Peri Meteoron）：共四卷，討論原因的層次結構，提出最終的目的因。

(4)動物史（Peri ta Zoa Historiai）：共十卷，指出生命現象之多元性，尤其動物界的奇觀，各部份有各部份的任務，互不侵犯，但是却相互補足，成爲一個完整的體系。

(5)論動物各部份（Peri Zoon Morion）：用物理學的方法研究生物學；指出生命、感覺之於物質不同的地方。

(6)論動物起源（Peri Zoon Poreias）：指出植物與動物之分野，指出存在階層的不同。

(7)論動物生成變化（Peri Zoon Kineseos）：指出物理運動是機械式，以及動物之意識選擇。

(8)論動物繁殖（Peri Zoon Geneseos）：亞里士多德在這部著作中，開始指出他的「四因說」，特別着重形成因。

(9)論靈魂（Peri Psyches）：三卷，討論生命體之本質繫於靈魂，靈魂不但是肉體的形式因，而且也是形成因以及目的因。

此外，還有很多的短篇，如論感覺、論記憶、論夢、論生命之短暫，論生死等等。

4.倫理及政治著作：

由仰觀俯察所得出的自然科學知識，透過思惟的形上學體系，其後應用到日常生活中，有倫理學及政治學著作的出現；倫理與政治在亞里士多德的著作中，是不可分的。因此在閱讀亞里士多德的著作之時，不可將之分爲兩種不同的學問。

(1)系統倫理學（Ethika Nikomacheia），共十卷。說明「善」之本質，以及人之本性在追求「至善」。書中並討論「善」與「快樂」之異同，以及「善」與「快樂」的關係。

(2)古倫理學（Ethika eudemika）：七卷。

(3)大倫理學（Ethika Meggla）：二卷。

(4)論政治（Politika）：八卷，泛論政治、法律、哲學等。書中主要討論人類的社會性以及羣體間，人與人之間相互的需要。在亞氏看來，人是政治的動物，生來就有合羣的傾向，從家庭，而國家、社會。

5.語言學的著作：

包括藝術和詩歌，以爲人類的創造能力，尤其是表現在語言與文字之中。

(1)演說術（Techne Rhetorike）：共三卷，指出演說成功之條件，演講者本身的說服能力能引起聽衆的情緒，並且能提出足夠的證明。

(2)論詩歌（Peri Pojetikes）：亞氏以爲在詩歌的表現中，內容不是最主要的，而是表現內容的方式。這方式，當事人有美感，具有設服的能力爲前提。

亞里士多德的著作，第一、二、三類是理論性的著作，第四類是實踐的著作，第五類是創造的著作。

第三節　著作導讀

亞里士多德的著作，上面提過的，好像每一部都可以分開來唸，可是如果我們注意到，亞里士多德整個思想的體系，就可以知道讀他的著作，應該有所先後之別。諸者首先得認淸他的「工具書」，也就是說他獲得知識的各種規則，也就是今日所謂的「邏輯訓練」成思想訓練。

亞里士多德的「工具書」，從他的邏輯開始，直到他的知識論，都在哲學門外準備好哲學庭院中所需要的東西。「工具書」是哲學的入門，也是西洋哲學的入門，同時也是亞里士多德哲學的入門。

在「工具書」入門之後，就是他哲學的「體」。他哲學的「體」就是物理學和形上學。在物理學和形上學裏面，我們可以知道亞里士多德從他自己仰觀天象、俯察地理所得出的各種存在的原理原則，在這些原理原則之中，他把人定位在裏面，使得人能夠頂天立地。就在人的地位界定以後，也就是哲學「體」的問題已經解決。

現在是哲學「用」的問題，也就是具體的提出人生在這個世界上應該做何事以及如何做事的課題；關於此點，也就是亞里士多德的倫理學及政治哲學。

如此讀亞里士多德的作品，也就是從邏輯到物理，從物理到形而上，但是不停留在形而上裏面，而應該再從形而上出來，走入日常生活之中。可是在生命高峯的時候，應該有對生命情調的昇華境界，也就是詩歌和藝術的欣賞，也就是人在消化了整個的自然以後，自己有所創作，這也是亞里士多德的詩歌哲學和藝術哲學。

總而言之，要讀亞里士多德的著作，他的順序是從邏輯到物理、形而上、倫理學、到藝術哲學。

第四節　知識論

亞里士多德在西洋哲學的知識論裏面，最爲著名的是他發明了邏輯。西方的思想家一直到亞里士多德才發現人的思想也可以用來分析。思想的主體，不管在它的天生能力或它學習的能力和創造的能力，都可以用來分析；而思想的對象也可以用範疇的方式把它們加以分析，而在用分析的這種方法上面，亞里士多德成爲西方最偉大，最先進的思想家。能夠把思想拿來分析這門學問，亞里士多德就稱它爲「邏輯學」。

「邏輯學」的方式，首先問的是，在日常生活中所用的「語言」。「語言」是我們思想的表現，我們想什麼，就設法說出什麼。在講出的語言中，如果加以仔細的分析，可以把它分析到最後的一個元素的時候，就稱它爲「概念」。這「概念」等於蘇格拉底在開始與詭辯學派所辯論的總名，具有同樣的意義。

在分析人類的「語言」之時，每一個語句到最後都可以分成「概念」；如此亞里士多德認爲如果我們能夠把握住「概念」，指出它們如何由來，指出某一「概念」與別的「概念」的關係，指出從「概念」如何形成一個「語句」，如何能夠形成一種學問，這種方式就成爲我們知識論最可靠的進展。

亞里士多德從這裏開始分析我們的「語言」，我們的「概念」的由來；在分析「概念」的由來以前，他要提出我們思想或語言的最終因素，也就是所謂的「概念」。這種「概念」因爲直接由我們的感官得來，在獲得之後，卽表示我們天生有一種歸類的能力，我們能夠把那些類似的東西歸爲一類。比如說常常有「大風吹」的遊戲，在這些遊戲之中，我們說吹「打領帶的」；「打領帶的」就是一個總名，所有在場打領帶的人都歸爲一類；否則吹「穿運動鞋的」，即把所有穿運動鞋的都歸爲一類，一個穿運動鞋的和另一個穿運動鞋的之間的所有「差別相」存而不論，我們只論他們相同的地方，把他們相同的地方抽出來歸於一類。

亞里士多德看清了人天生來就有歸類的能力，能夠把相同的「共相」東西抽出歸於一類。比如說有一個觀念「人」，「人」的觀念是由張三、李四、王五、趙六……抽出來的「共相」。我們不只是由張三、李四……抽出來的「共相」，我們也可以把這「人」的「共相」再應用到外國人彼得、保羅、約翰……，我們碰見他們的時候，也說他們是「人」。如此「概念」的獲得與「概念」的應用，是我們知識最初步的工作。

可是我們的知識不只是停留在「概念」裏面，我們也會把兩個或兩個以上的「概念」聯起來。像我們說「張三是好人」，我們把「好人」和「張三」兩個「概念」聯起來了；否則我們把兩個「概念」分開，我們說「這張桌子不漂亮」，把「桌子」和「漂亮」兩個「概念」隔離開，形成我們否定的語句。如此我們眞正的思想或眞正的語言，一定不是只說出一個「概念」，它至少有一個語句，這個語句就是「判斷」。

所謂的「判斷」，是把兩個或兩個以上的概念聯起來或把它們分開，這就是「判斷」。我們說「這張桌子不漂亮」，或「張三是個好人」都是「判斷」。可是亞里士多德還要更進一步，認爲我們的知識不只是「判斷」而已；比如我們聽見鐘響，可是事實上我們只聽見敲鐘，但是我們都會說「現在下課了」；我們根本沒有聽見下課，只是聽見鐘聲的符號，這種符號代表了下課，我們的知識如何知道這是下課呢？原來在我們的知識裏面，它並非是單純的「判斷」，還有一種叫「推理」。

「推理」的意思是把兩個或兩個以上的判斷聯起來或分開。比如說我們早晨起床看見地面潮濕，我們會說「昨夜下了雨」，人家會奇怪地問：昨夜你在睡覺，根本沒有起床，你怎麼知道昨夜下雨呢？你當然可以回答說，因爲我看見地濕，因而推論昨夜下雨。這種因果的推理，如何保證它沒有錯誤呢？這也就得看我們的「推論」。推論有推論的法則，等於我們說判斷有判斷的法則，獲得概念也有獲得概念的法則一般。這些獲得概念的法則，由概念構成判斷，由判斷構成推理，形成了「邏輯學」最主要的討論課題。

因此關於知識的問題，由我們日常生活的語句或思想看來，最主要的在亞里士多德的哲學中，要提出如何獲得概念，然後從概念與概念之間的關係所構成的判斷，有何種法則足資遵循，最後推理或推論是否應該有什麼法則。

關於第一點——概念的獲得，亞里士多德不像柏拉圖一樣，把我們的知識當成記憶觀念界裏的事物，而是很現實地從我們的感官經驗中所獲得的概念；所以在亞里士多德的知識論初步，概念的產生，通常是經由我們的感官，因爲感官具有耳、目、口、鼻、手、足，我們的感官相對於感官的外在感官世界有聲、色、香、味、觸。我們的感官相對於外在的東西使得我們的腦筋裏的眞、假、對、錯之別。

面，形成了一種「概念」。因爲「概念」是從感官經過腦筋得出來的，因此它根本上就沒有所謂

所以在亞里士多德的哲學中，我們知識的來源是後天的，所有知識的內容都是後天得來的，都是經由我們的感官經驗得出來的一些資料、材料，供給我們的腦筋，我們的理智把這些材料加工，得到所謂的知識。這個理性的加工，也就是所謂的「判斷」，這「判斷」是由於我們的感官作用得到的概念，然後把這些概念用歸類的方式，把它們一系列地排列組合；好像一些書寄給我們以後，我們分門別類地把這些書放在書架上面，安置在圖書館裏一樣。因爲這個歸類的能力，使得我們對所有的概念都有一種批判或判斷。所謂的「判斷」是把兩個或兩個以上的概念，把它們聯起來或分開。因爲「判斷」的發生不在於外界，不在於我們的感官，而是在我們的思想中獨立工作的；這思想把感官獲得的概念，加以選擇兩個或兩個以上的概念聯結或不聯結而組成自己的知識。因爲要聯結或分開兩個或兩個以上的概念，形成了所謂的眞、假之分。

所謂判斷的「眞」，是指在我們眞實的世界裏，確有其事的判斷，就是眞的；如果與外在世界無法對應，這就是假。譬如有人說出於神話之中的「飛馬」，有人以爲它是概念，事實上它是兩個不同的概念聯結起來的，一個是「馬」，一個是「飛」，把「馬」和「飛」兩個概念聯起來，是個假的判斷。因爲「馬」沒有「飛」的屬性，馬沒有飛的能力，馬是不會飛的。

如果我們提出另外一個判斷——「白馬」，這是眞的判斷；因爲「白」是顏色，「馬」一定

有顏色的，它有的時候是有白色的，也就是在我們的現實世界上，白顏色的馬確實是有的，因此白馬這個判斷是個眞的判斷。

判斷也有原則，和概念獲得的原則不同，概念獲得的原則是透過感官經驗而得來的，判斷是依恃思想得來的。思想有思想的法則，這種思想的法則中，首先也最根本的是，沒有一個人能夠否定的「同一律」。

所謂的「同一律」，就是「自己等於自己」，甲等於甲，A＝A。從這個「同一律」的思想法律看來，是最簡單的法則，沒有人能夠反對，也沒有人會懷疑。從「同一律」導引出來的是「矛盾律」，「矛盾律」是自己不等於不是自己，也就是甲不可能等於非甲A≠-A、非甲也不可等於甲-A≠A。然後從「同一律」和「矛盾律」兩個原理一起來理解的話，成爲「排中律」。「排中律」是指「自己本身不可能同時又是自己，同時又不是自己」，化爲公式就是甲不可能同時等於非甲又等於甲，非甲不可能同時等於甲又等於非甲。$A \neq A \wedge -A$、$-A \neq -A \wedge A$

有了這三種思想的定律，我們可以說所有的判斷都有了落實的地方，有了一種規則。我們剛剛提出的「飛馬」是假的，因爲「馬」和「飛」之間有很大的距離，不只是很大的距離，事實上是跨越不過去的鴻溝。馬是不會飛的，所以如果是「飛馬」的話，馬已經不是它自己，它有了別的特性，這是相反「矛盾律」的規則。我們如果說「白馬」，這種白顏色的馬確實有它的存在，所以是肯定甲等於甲的原理，它是眞實的。

有了這些自明的眞理，卽每一個人只要想一想，就可以明白的眞理，甲等於甲，甲不可能等於非甲，甲不可能同時等於甲又等於非甲，這「同一律」、「矛盾律」、「排中律」的三種思想原則，使我們在判斷之時，具有根本的原理原則。從這些根本的自明的原理原則推論出來以後，就有其它的所有法則的誕生。比如「全體大於部份」，全體大於部份的意思是，全體是各部份的總和聯合起來的，如果只是提出一部份的話，就不是全體，這是和「同一律」、「矛盾律」有關係的一種思想。如果說「某物不可能同時出現在兩個不同的地方」的原理，這原理同時肯定了「同一律」、「矛盾律」、「排中律」的用法。如果肯定某物在甲地，同時又在乙地，表示同時肯定又同時否定，這是相反了「排中律」。

由於這些思想律的體認，使得我們的判斷有眞、假之別，使得我們能夠分辨眞或假。剛才我們提到我的知識不只是概念而已，不只是判斷而已，而是屬於推理的。在日常的談話裏，大部份是屬於推論的知識。這推理的知識，亞里士多德特別重視，在著作中也特別發揮它們，那就是亞里士多德有名的三段論法（Syllogismus）：

所謂的三段論法是由兩個根本的因素所構成的，是前提和結論。前提是一種判斷，結論也是一個判斷；在所有的三段論法中，都有兩個前提，一個是大前提，一個是小前提。整個的三段論法中的情形，是每一個前提和結論一樣，都是一種判斷；每一種判斷至少具有兩個概念或兩個以上的概念。通常我們爲了簡便起見，都是用兩個概念做比喻。

這麼一來，大前提至少有兩個概念，小前提亦至少有二個概念，結論也至少有兩個概念，加起來應該是至少六個概念，但是這六個概念必然需要成爲三個概念，所以說每一個概念要出現兩次，每一個概念要出現兩次，不管它是在大前提或小前提裏面。大前提和小前提必然要把結論中的兩個名詞每個出現兩次，如此就有了最根本的三段論法的公式。

在大前提和小前提裏面，我們通常指出它的「大名詞」和「小名詞」，中間那個名詞稱爲「媒詞」。把三段論法所提出的，我們在此做一些比喻解釋。比如我們說要推論出「沙特會死」，我們的大前提是「所有的人都會死」，小前提是「沙特是人」，所以「沙特會死」的結論就出來了。在這個三段論法之中，我們看到有三個不同的概念，「人」、「沙特」和「死亡」，我們中間所用的大名詞是「死亡」；「沙特」是一個小的名詞，「人」是「媒詞」。我們透過人類會死亡的事實，肯定沙特也會死，因爲沙特是人。

所以如果以集合圖形來表示的話，一個最大的圓圈就是死亡，死亡裏面一個較小的圈圈是人，即所有的人都在死亡的範圍以內，所有的人都會死；把死亡的圈圈劃得比人還要大，人的圈圈完全在死亡的圈圈裏面，表示會死亡的東西不只是人，所有有生命的都會死亡，人只不過是有生命的東西裏面的一部份，所以「凡人都會死」成爲一個大前提。

然後在人裏面再劃一個小圈子叫沙特，整個沙特在人的圈子裏面，因此如果整個的人類都在死亡的範圍裏面，沙特又在人的範圍裏面，於是很清楚地可以結論出沙特是在死亡裏面。所有的人都會死，沙特是人，所以沙特也會死。這種推論的方式，以亞里士多德的想法而言，是完全正確的。

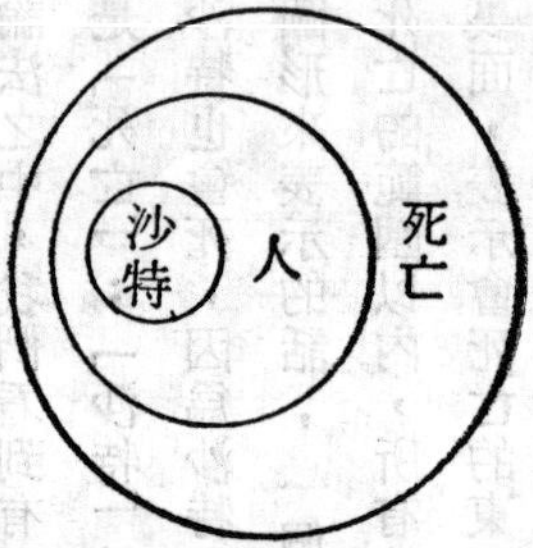

把上面的公式劃為一個簡單的公式看：

M—P
S—M
S—P

M是「媒詞」，是中間的一個名詞；P是大名詞，S是小名詞。S是 Subject 是主詞；P是 Predicate，是賓詞；M是 Medium，是媒詞。所以公式的整體應該是

M—P
S—M
S—P

把這三段論法的公式加以變化，也就是把M的位置加以調動，如

P—M
M—S
———
S—P

我們比喻：「所有的學問都是努力得來的」做爲大前提；小前提是「努力得來的東西都有光榮」，所以結論是「學問是光榮的」。在這個三段論法中，我們把「光榮」視爲大名詞，「努力」做爲媒詞，「學問」做爲小名詞。

如果把小前提的媒詞M加以改變，就得下式：

P—M
S—M
———
S—P

我們可以這麼比喻：「值得追求的是幸福的」、「痛苦不是幸福」、「所以痛苦不值得追求」。在這個三段論法中，我們提出幸福是在整個的追求裏面，追求的不只是幸福而已，幸福是值得追求的；幸福的圈圈是在追求的圈圈裏面，可是我們有一個小前提「痛苦不是幸福的」；那麼我們把痛苦放在幸福的外面，如此痛苦就不在追求裏面，當然這種三段論法很麻煩，痛苦雖然不在幸福裏面，它很可能在追求裏面，因爲追求的範圍比幸福的範圍來得大。

如果我們把三段論法中的媒詞，在大前提或小前提裏面都當成主詞的話，就有下式：

M—P
M—S
S—P

這種方式可以用下列的比喻：「所有的人都會思想」、「所有的人都是動物」、「所以有的動物會思想」。這也是一種三段論法，大前提中表示人是在會思想的圈子裏面，而小前提中表示人的圈圈又放在動物的圈圈裏面，如此形成思想和動物有相交的部份，所以人有思想，他同時也是動物，結論表示「有的動物會思想」，這種三段論式也是對的。

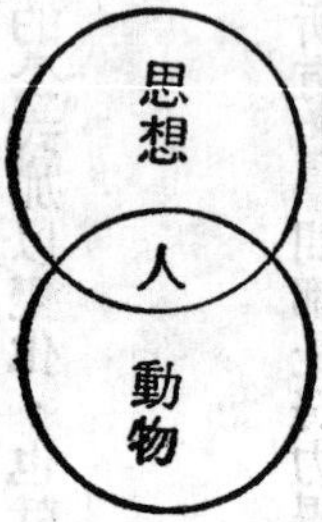

我們看到亞里士多德的三段論式，主要的是靠媒詞得出結論；得出的判斷，不只是眞的，而且是對的，也就是說他從大前提，小前提推論出來的結論；所以判斷有眞、假之別，推論則有眞、假與對、錯之分。因爲它很可能從兩個假的判斷裏面推論出眞的結論，但是它都是錯誤的；所以我們要提出一種知識的時候，亞里士多德認爲必須提出眞、假、對、錯的批判。

亞里士多德認爲通過三段論式嚴密的架構，得出的知識必然是眞的、對的；凡是違反了三段論法的法則或前面提及的思想律的法則，而得出來的知識是假的、錯的。有了眞的和對的的知識的保障，我們才能夠從這裏着手，建構我們自已的宇宙觀和人生觀。

總而言之，在亞里士多德的知識論中，他所強調的，超過了柏拉圖的知識範圍；柏拉圖只承認人的理性，只承認人的靈魂在觀念界所得到的先天知識，而亞里士多德只承認人先天有認識的能力，他不承認人先天有什麽觀念，有什麽知識的內容。的確不錯，人先天來就會認識，天生來就具有邏輯的法則頭腦，可是知識的內容必須靠我們的感官去獲得，然後用我們的頭腦，把這些概念消化、組織、創造爲我們的知識。

所以亞里士多德所著重的，站在認識的主體立場來看，一方面承認感官作用，一方面承認我們思想的能力；站在客觀的客體世界而言，認爲感官世界是眞實的存在，理念界同樣也是眞實的存在，這二個存在層次的法則不相同而已；站在主客之間的關係而言，亞里士多德是一個現實派的思想家；他認爲只要主體肯運用他擁有的天生能力，就能夠把握住外在的客體，不管它是感官世界的事物，或理念界的事物。

亞里士多德的知識論，就是他哲學的起點。他認爲我們如果要討論哲學，要研究宇宙和人生的問題，首先要做的第一步，必須保證我們的知識可靠；要能夠分辨出眞、假、對、錯。然後我們從這個眞的和對的知識上面，再建構我們自己的人生觀。他特別重視邏輯的研究，在邏輯的研究裏，是把我們的思想和存在聯起來討論；認爲所謂的知識，是指我們的思想能夠把握住外在的存在。然後他把思想分析成邏輯；即是從概念到判斷、推理；進一步再把存在分析成「範疇」。

剛才我們提到邏輯學裏面關於思想的部份，現在我們要回過頭來，談談「範疇」。因爲「範疇」在亞里士多德的思想裏面，是思想的最根本元素，也就是構成概念的元素。一提到「範疇」，首先要了解的是，亞里士多德的概念分類，即範疇的分類，不很淸楚；有的時候說成十類，有的時候說成八類，有時甚至少於八類；在範疇裏面，有一點最淸楚的，就是每一種事物的存在，它最主要的是有實體，然後就是附屬於這個實體上面的有七種或九種的屬性。

在亞里士多德的著作中，我們可以找到十類的範疇：

「Ousia 是實體。回答的問題是「什麼?」的問題，我們比方說是黑板。這黑板的概念形成我們判斷或推理的因素，因爲它所回答的問題，是眞正要指出「什麼?」的問題，可是提到黑板這個字，就會使我們想起很多屬於黑板的屬性，比方說黑板有三十斤重，它是黑色的，它有兩層，在課室裏面，今天它掛在課室裏面，上面有字，它佔了一個位置，被人移動……這些都是黑板所有的屬性。我們列表如下：

希臘文（拉丁拼音）	中文	回答問題	實例
Ousia	實體	什麼？	黑板
Poson	量	多少？	三十斤
Poion	質	怎麼？	黑色
Prosti	關係	與誰（與什麼？）	兩層
Pou	位置	在那裏？	課室內
Pote	時間	何時？	今天
Keisthai	姿態	如何？	掛著
Echein	狀況	有什麼	有字
Poiein	主動	作啥？	佔位子
Paschein	被動	受啥？	被推

亞里士多德把這十個範疇，又分爲兩大類：一類是實體 Ousia，其它七類或九類歸納爲屬於 Attributa 屬性。

屬性又分爲三種不同的等級．

1. Necessaria Propria 狹義必須的，如三角形三角之和等於二直角，這是定律，不可能有例外，也就是說，不可能有一個其內角之和不等於二直角的三角形。

2.Necessaria Impropria 廣義必須的，如男人有鬍子這句話，就不完全百分之百的眞，因爲，可能有的人不長鬍子。

3.Contingentia 偶然的，如某人在花園裏種花挖到金子，這種事不常發生，常常是例外。

在上面提及的範疇之中，前四項是主要的，就是一定要的東西，屬於實體的也就是狹義必須的。後面的一些是比較次要的，它可以沒有這些範疇。比如黑板必然有的，即是狹義必須的，是它的形狀、大小、顏色、重量，至於其它是否在課室之中，是否有字，……則並沒有那麼重要。

現在我們知道對每一種東西有這十個範疇，這些範疇在整個宇宙的存在裏面有什麼位置呢？關於這根本的問題，所以亞里士多德不得不在認識的層次上，做了一個圖表去理解。我們提到「人」，「人」是什麼？人是屬於動物，動物裏面有一種人，那麼怎麼樣的動物裏面有人呢？有理性的動物叫做人，表示動物中有一部份有理性，還有另外的部份沒有理性；這就形成動物分爲理性和無理性二種，而人屬於有理性的；可是動物並非最後的存在，它前面還有生物；在生物之中有感覺的稱爲動物，沒有感覺的稱爲普通的生物；如此類推，提到生物又分爲有感覺的動物，另一部份又分爲無感覺的普通生滅東西。可是生物的後面還有存在物，存在物又分爲兩種；一種有生命的，就是生物，一種沒有生命的就是普通的物質。這麼一來，存在物也不是最後的，最後的是沒有物質了，就是存在；於是存在又分爲二種，一種爲有物質的，一種是沒有物質的，有物質的存在是存在物。如此整個的圖表從下到上類推，從人、動物、生物、存在物、存在。存在概括了一切，包括物質與非物質，生命與無生命，有感覺與無感覺的東西，有理性及無理性的東西。

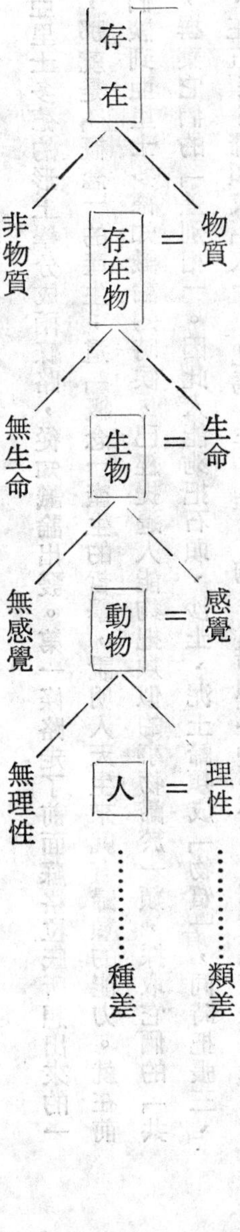

在這個圖表裏，亞里士多德要指出每一個概念，存在、存在物、生物、動物和人，都有等級的不同，它有「種差」。旁邊的一類是「類差」；從物質、生命、感覺、理性也就是從物質、生命、意識、精神四種存在層次。爲什麼要提出「種差」和「類差」呢？因爲他提出定義或界說的問題；每一種存在的層次我們都有辦法界定它，就等於用一個座標來界定某一個東西的方位一樣。比如「人」的定義，用他最接近的「種差」和旁邊的「類差」，作爲界定「人」的位置，所以「人」是「有理性的動物」。同樣「動物」是「有感覺的生物」，「生物」是「有生命的存在物」，「存在物」是「有物質的存在」。

如此亞里士多德把所有存在的層次，概念和概念之間的關係都聯起來了。把這些概念與概念

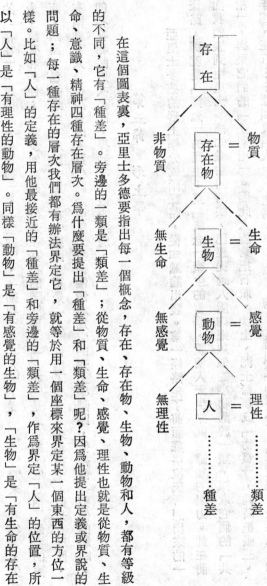

之間的關係聯繫起來，成爲一個立體的建構，也就是後來亞里士多德在形上學裏，能夠進一步指出「人」在這個世界上的地位，得以頂天立地的最大理由。就在這個圖表裏，我們可以看到最高的「存在」，以後的「存在物」、「生物」、「動物」和「人」；從「類差」看來，有物質、生命、感覺和理性；一步步地高昇，但是在存在的階層裏，「存在」是最高的，它包括了最多的東西，因爲它包括最多，所以一切都在它裏面。可是「人」包括了很少，雖然很少，但是有理性、有精神，人是很高貴的。這也就是亞里士多德慢慢地爲它的形上學舖路，使得他在整個的範疇，即存在物的層次裏面，提到有等級的差別。

第五節　形上學

亞里士多德的形上學分成兩條路，從知識論出發。第一條路走了前面蘇格拉底所想出來的一條路，那就是「概念」的產生；這「概念」產生的哲學，說明人天生來就有歸類的能力。就在前面我們談到亞里士多德知識論的時候，已經提過人能夠把類似的事物歸於一類，採取它們的「共相」，摒棄它們的「差別相」。因此人能夠把石頭、沙土、泥土歸類成「物質」，同時把張三、李四、王五……歸類成「人」，把馬、牛、羊、狗……歸類成「禽獸」，那麼把這些「人」和「禽獸」採用它們的「共相」，認爲它們是「動物」。在另一方面又可以把松樹、柏、大紅花……等採用它們的「共相」，認爲它們是植物。這邊有動物，那邊有植物，我們再把動物和植物的

「共相」抽出來，認爲它們是「生物」。與這些「生物」相對的就有石頭、泥土、沙土……等無生命的「物質」，這樣我們可以應用一個西洋的名詞——「存在」，去概括所有世界上的東西。

亞里士多德形上學的設計，也就是討論「存在」的學問，叫做「本體論」（Ontology）。關於這個字，本來的意義是討論存有的學問，應該翻譯爲「存有學」，可是通常我們以約定俗成的方式，稱爲「本體論」。這種「本體論」的架構，承認我們天生來歸類和超昇的能力，能夠不去談論個別的事物，而是談整體的事物，比如討論「人類學」的時候，我們不討論個別的張三或李四，我們討論整個的人類。就好像討論「動物學」，我們不是討論這條牛或那頭馬，而是討論整個的「動物」界。

在「本體論」之中，我們不是討論個別的人或個別的物，我們是討論整體存在的東西。動物學、人類學有理由存在，形上學的本體論也同樣有理由存在。一個醫生他看病的時候，不管病人是張三或李四，醫生仍舊依照人的生理構造去治療他，而對生理構造的認識，可能是他在求學的時候，解剖某一個人的屍體，而絕不是現在面前的這個人。但是並沒有什麼妨害，因爲他有了共通的認識，有了「共相」的認識，有理由利用別人研究出來的成果應用在這個人身上。

在形上學的理由裏也是如此，我們可以討論個別的存在，在個別的存在裏，我們討論它的本質，然後討論它的特性，最後討論存在本身以及存在本身所有的特性。這是知識論裏面走得通的一條路。

另外一條路，不但指出人天生來有認識和歸類的能力，同時指出人天生來有發明和創造的能力。在歸類的能力裏，我們僅能從個別的事物裏抽出它們的「共相」，而給予一個「共名」。張三、李四、王五、趙六……這些個別的人身上，我們找出一個「人」的共名。在「人」和「動物」以及其它的禽獸身上，我們找到「動物」的共名，然後一步步上升再找到最高的存在的共名的共名，或共相的共相。

可是在知識的另一方面，我們談到人有創造的能力，聞一而知十的能力，比如我們現在聽見打鑰，但是我們却不說聽見打鐘，而說下課了，事實上我們聽見打鐘，怎麼會想到下課呢？因爲我們人類能夠發明一種符號，用一種符號代表另一種事物。打鐘代表下課，而鐘聲的本來意義，是對我們耳朶的一種刺激，在思想上可以知道是代表下課。又等於早晨起來看見地面濕，我們說昨天晚上下了雨，人家問說根本沒有看見下雨，只看見地濕，怎麼知道下雨呢？那是因爲我們可以從果推到因；因爲地面潮濕是下雨的果，只要看到果就可以推論到因。比如在我面前的這張桌子，哲學家看到它，就會知道木匠造成了它，人家會問怎麼知道有木匠製造這張桌子，有無親眼目睹？其實用不着親眼瞧見，只要看到桌子，就會知道木匠製造了它，等於如果看見一枚蘋菓，人就知道有蘋菓樹結蘋菓一樣。看到菓子，知道樹；看到桌子知道木匠；這是人類的一種發明，人可以藉着知識的表象，跳躍到知識的深層去。

我們在欣賞音樂的時候，如果是首美妙的曲子，我們知道這位作曲家眞有本事，我們用不着看見他本人，就憑聽到他做出的曲子，就知道此人確有本事。或者閱讀一篇上好的文章，我們用不着認識作者本人，就可斷定這位作家確有本事。由成果推論到原因這是形上學的第二條路。

有了這二條路，也就是有了對人性的二種能力的體驗，亞里士多德就建構了他的形上學體系。關於第一條路，也就是討論存在的本身——存有學或本體論；亞里士多德要把全世界拿來一起討論。在這條路上，亞氏只討論宇宙萬物的「共相」，不去討論它們的「差別相」。要討論它們的「共相」或它們的「存在」，也就是討論共相的時候，亞里士多德首先要提出的就是他多次討論的運動變化問題。

亞氏認爲世界上所有事物都在動，當然在他以前，赫拉克利圖斯已經發現了這個問題。亞里士多德把赫拉克利圖斯的發現稱爲 Panta rhei「萬物流轉」。「萬物流轉」表示每一種事物都在變動，如果我們能夠透過變動而認識每一種事物的話，這個變動就成爲哲學入門的主要步驟。亞里士多德認爲如果我們要看每一種事物的變動，一定得想辦法站在變動裏面去看，然後再站在變動的外面觀察，以這兩種步驟去做。

站在每一種運動變化的本身去看的時候，我們可以看見它本身有「形式」和「質料」。比如看到一張桌子，馬上知道這張桌子具有質料，我們說它是木頭做的，木頭是這張桌子的質料，所以木頭尚未成爲桌子以前，它是木頭；在成爲桌子之後，它就是桌子了。那麼爲什麼一塊木頭會成爲桌子呢？我們說是因爲它的樣子不同。這個樣子，亞里士多德就稱爲「形式」。「形式」界定「質料」，要做多大的桌子，什麼樣的桌子，然後再鋸那塊木頭，它就成為什麼樣子；無論方圓，依照樣子製造，桌子就是方或圓。因此形式界定質料，形式的這個樣子，才眞正是桌子之所以為桌子。桌子之所以為桌子是因為它的樣子，不是因為它的質料。我們可以用三夾板，大理石、木頭……甚至用黃金做桌子。

可是桌子之所以為桌子，因為它有這個樣子，如此亞里士多德認為如果我們站在運動變化的本身去看的話，才知道它是由「形式」和「質料」合成的。「形式」不能夠沒有「質料」，如果沒有質料，那來的桌子。因此它有質料，形式是界定質料的。一塊木頭的質料，可以製造成為一張桌子，也可以雕刻成一尊菩薩，供人膜拜；也可以拿來做柴燒……可是桌子的形式決定質料成為一張桌子。

所以在亞里士多德形上學裏面的初步構想，認為站在運動變化本身而言，它有「形式」和「質料」，同時形式界定質料成為一種存在，而存在的本質是它的形式，質料只是材料，只是一種必需的條件，眞正的原因是它的形式。

如果站在運動變化的外面看來，就不一樣了。比如我們看見一個嬰兒慢慢地長大，成為幼童、孩童、少年、青年、老年。從這種變化的過程看來，嬰兒不是孩童，孩童也不是少年，少年也不是青年。我們的問題回到帕米尼德斯那時候的問題了，怎麼會有運動變化呢？明明他是一個嬰兒，怎麼會變成一個幼童呢？亞里士多德站在運動變化的外面觀察，認為嬰兒的現實本身是嬰兒，但是他自己本身擁有一種潛能，一種可能性；這種可能性，使得他能夠變爲幼童。如此每一種運動變化是從他的現實加上一種潛能。嬰兒雖然是嬰兒，但是有變化成幼童的潛能；當一個嬰兒成爲幼童以後，這幼童相對於孩童而言，幼童是潛能，孩童才是現實；那麼孩童對少年、青年而言，也是一種潛能。如此整個世界中連續性的變化，都是潛能和現實互相交替的情形。現實是界定潛能，有了現實以後，再成爲更高層次的潛能，需要更高的一種現實去超渡它，使它成爲上一階層的東西。等於嬰兒以自己的現實去超渡幼童，使得幼童成爲孩童，如此類推直到少年、青年、老年，人慢慢地成熟。

由於亞里士多德這種形而上的原理原則的發現，解釋了宇宙生成變化的現象，把蘇格拉底以前的學說整理成一個體系，解釋宇宙的眞象。所以亞里士多德從本體論可以跳到宇宙論，這是亞里士多德形上學工作的第一步。他用運動變化的現象觀察到運動變化的存在本質。他在運動變化的現象後面，觀察事物後面的本質之後，他就提出整個宇宙的架構，一種形而上的架構。

在這個宇宙架構之中，最低的一種存在，就是潛能，沒有現實的潛能；在另一方面，它是純粹的質料，還沒有任何形式的質料，所以從潛能到現實這條路，中間要經過很多層次的現實和潛能。下面的現實相對於上面的而言，它只是一種潛能。例如剛才的例子，嬰兒相對於幼童而言，他只是幼童的潛能，幼童才是現實的，幼童相對於孩童而言，它却是一個潛能，孩童才是現實的，如此從最低的純潛能，到最高存在的純現實，中間所有的都是現實和潛能所構成的，而下面的現實是上面一層的潛能。

在另一方面的系統，也就是站在存在的內部而言，是形式和質料，最低的存在是純粹的質料，最高的存在是純粹的形式。而形式和質料二者互相變化，形成中間部份所有存在的具體事物，下面的形式等於上面的質料，上面的形式又等於再上一層的質料。等於我們在一個課室內，這張講桌本身是桌子，桌子本身是形式，這形式是超渡了木材做它的質料。桌子本身的存在是由形式和質料所構成的，講桌的形式決定了木材的質料。可是桌子本身成爲構成這間課室的質料，課室相對於講桌而言，課室是形式，講桌是質料。更進一層而言，課室相對於學校而言，課室本身是形式，它裏面有桌子、椅子……，相對於學校來說，課室又變成了質料，學校才是形式，再往上推，學校相對於臺北市而言，又變成質料，臺北市才是一種形式……繼而擴之，提到國家、全世界、全宇宙，一步步地高昇，下一層的形式，就是上一層的質料。如此推到純粹的形式，它不再是任何事物的質料，與它平行的那邊是純粹的現實，不再有任何的潛能，所以它是不動，不要運動變化，也不可能運動變化。

因此純粹的形式和純粹的現實，在亞里士多德的哲學裏，不得不以希臘當時的信仰，宗教裏面以爲最高的神明上帝做爲純現實和純形式。相對於這純現實和純形式的最低的存在，是純質料和純潛能。如果純形式和純現實是存在本身的話，那麼純質料和純潛能就成爲虛無。而在純形式和純質料之間，或在純現實和純潛能之間的事物，就成爲具體世界存在的東西。這是亞里士多德在他形而上的考察裏面得出來的整個宇宙架構的層次。整個宇宙架構的層次是立體的，在這個立體的層次裏，上面是最高的存在本身，下面是虛無，中間有一些以柏拉圖的方式——分受了存在本身的存在。

在這純形式和純現實的考察裏，亞里士多德認爲整個的世界和宇宙的運動變化，都是由於純形式和純現實，因此稱它爲「第一原動不動者」。這「第一原動不動者」是所有運動變化的原因。而世界上所有的東西，以內在而言，都是自已有潛能，能夠成爲一種現實；以外在而言，它是一種質料。要接受一種形式。如此整個世界、宇宙之所以有運動變化，那是因爲它們自已本身還不完美，要向着完美本身去發展。向着完美去發展的事實，形成亞里士多德因果系列的考察；所有的果去追求因，所有的現實或所有的運動變化都需要他人去推動，因此亞里士多德發明了「四因說」。

我們要了解他的「四因說」，最簡單的方式是以面前的這張桌子做比喩。照着亞里士多德的想法，凡是人文世界的任何一種東西，比如桌子，它一定有它的存在，它一定有四個原因。這四個原因無論缺少那一種，它都不可能存在。以同樣的方式，亞里士多德考察這張桌子的原因的時候，分成兩個步驟，一個是站在桌子本身去考察，一個是站在桌子外圍而考察。

站在桌子本身去考察，很顯然地我們明白，桌子一定要有質料，世界上沒有任何一張桌子是沒有質料做成的，它是什麼質料？無論三夾板、木頭或紙：都可以，只要是質料做成的都可以。

因此有質料才可以做成桌子的原理，亞里士多德把它稱爲「質料因」。可是我們說一堆木材、三夾板……等堆在那裏，它不一定要變成桌子，它可以做其它的東西，如果要變成桌子，需要桌子的樣子，要有桌子的形式。因此從質料到形式，思想是進了一步，形式決定質料。桌子的樣子決定質料如何處理做爲桌子的脚或面……，因此站在事物本身看來，是形式決定了質料；形式是個因，質料也是個因，兩個因比較，形式因高於質料因。

站在桌子的外圍考察的話，就會發現是誰決定了形式，誰用了這些質料去做這些形式的事物，也就是誰用木材做了這張桌子。我們不得不認爲有木匠做了這張桌子，我們雖然現在只看到桌子的質料和形式，沒有看到做這張桌子的木匠——形成因，可是事實上，我們知道它一定得有形成因，因爲桌子並非憑空就有，它不是自然界的一種產物，它是人文世界的產物，阿里山的神木縱使再神奇，也不會長出桌子，一張桌子至少有一個木匠去造就它，否則由一些木匠同心合力所做成的，反正桌子的存在必然需要這外在的原因，有人、理性的動性去製造它。

通常我們對一張桌子的考察，有了質料、形式和木匠不就可以了嗎？事實上，亞里士多德認爲不夠，它還要問眞正哲學的問題，「爲什麼」一張桌子會存在？「爲什麼」木匠會去製造這張桌子？木材「爲什麼」會變成一張桌子？桌子「爲什麼」會採取這種形式？這些一連串的「爲什麼」的問題，就是要找到最後的「目的因」的答案。這桌子的「目的因」，因爲學校方面認爲課室裏應該有一張桌子，這張桌子在他們腦筋裏面先設計好這個樣子，設計好它的形式和質料，以及要請的木匠。所以「目的因」是最高的因，它決定木匠，決定形式和材料。在它下面的「質料因」、「形式因」和「形成因」都是由「目的因」所決定的。

如果都由「目的因」所決定，我們研究這張桌子如此，整個的宇宙也是如此。每一種東西都逃不過「目的因」。如果這個目的不是自己選擇，只好人家替它選擇。我們如果問一堆木頭或木材，你們願意變做什麼，我認爲每一塊木頭都不願意成爲地板，都願意成爲觀音菩薩的像，供人崇拜。可是木頭沒有辦法爲自己選擇目的，人類爲它們選擇目的。人類不一樣，自己却可以決定自己的目的，因此人文世界裏面的產品，人決定了「目的因」；人自己本身是自己決定「目的因」。

可是在亞里士多德的形上學裏，這樣的考察還不夠，他還要問整個的宇宙連人類在內，它們的目的在那裏？我們說我們決定一張桌子的目的，我們創造了一張桌子，但是我們自己的存在是什麼目的呢？我們自己決定它的嗎？如果是我們自己決定的，自己又怎麼存在呢？我們對自己的存在根本就無能爲力，是命定的。我們以後的本質是我們自己加進去的。如果我們的存在是命定的，表示「目的因」不在我們本身，而在我們之外，在我們外面的又是什麼呢？亞里士多德只好用「純形式」和「純現實」去界定，「純現實」和「純形式」是「第一原動不動者」，稱爲「上帝」。

亞里士多德這種形上學的作法，影響了西方整個中世哲學的藍圖，使得中世哲學得以藉希伯來宗教的信仰應用到希臘哲學的體系裏。如此亞里士多德把整個的世界、宇宙，變成形式和實質的東西，而它外在有「形成因」和「目的因」，而「形成因」和「目的因」最後的存在就是屬於「神明」的存在；具體世界的事物都是向着自己的目的前進，這個目的是由質料變成形式，潛能變成現實。

因此亞里士多德的形上學，開始的時候是用知識的類比方法和人與生俱來的創造能力，透過運動變化的觀察，而找出了「純形式」和「純現實」。「純形式」和「純現實」相對於整個運動變化而言，它是「原動不動者」，它相對於「四因說」而言，它是最終的「目的因」。那麼現在的問題是：這個最終的「目的因」和「原動不動者」究竟是什麼東西？這是亞里士多德形上學所要討論的最高峯。站在知識論的立場，尤其站在歸類的方法的立場，也就是站在蘇格拉底首先提出的知識論方法，要討論「存在的存在」，要討論「概念的概念」。這存在的存在，概念的概念是否就是「原動不動者」和最終的「目的因」呢？

亞里士多德認爲它們是最終的一個，在整個宇宙萬物最後的一個，這東西相對於純形式而言，它沒有質料，它是完全的精神體。因爲如果有質料的話，這個質料必得等待形式才得以存在，如果有質料的話，它一定會運動變化。如此亞里士多德總是認爲這個純形式的東西，沒有質料，它是完全的精神體。因爲是一個完全的精神體，所以它自己可以爲自己選擇一個「目的因」，爲它所創造的宇宙也選擇一個目的。

相對於純現實而言，它自己沒有任何的可能性，卽它用不到去追求自己以外的東西，它本身是自滿自足的。但是它這種自滿自足，又可以分受給其它存在的東西。由於它是純精神的、又自滿自足，所以當這個自滿自足的精神體要思想的時候，它只要思想它自己，就滿足了。「自己思考自己本身」，形成西方形上學的最高峯，也是最高的存在。

相對於「目的因」或「第一原動不動者」而言，亞里士多德認爲這個宇宙間最高的存在，它是存在的本身，其它的存在都是分受了一點點「存在」，而這「存在」是存在本身，從它那裏流出來了所有存在的東西。

亞里士多德稱自己形上學那部書是「第一哲學」或「神學」。他的意思是要指出哲學裏最高深的一門學問，就是討論存在的「本體論」，討論宇宙之間的最終目的，亞里士多德稱爲「神」，所以稱爲「第一哲學」或「神學」。我們回顧一下亞里士多德所走的哲學路線，很清楚的，他是從分析我們人類認知的能力開始，然後以這種認知的能力觀察物理現象；也就是透過邏輯學、知識論，再分析物理學，從整個宇宙間感官世界的運動變化現象，透過這現象，分析現象後面的本體。本體就是它的「第一哲學」和「神學」所要討論的問題，我們稱它做「形上學」。

在「邏輯學」或「知識論」中，亞里士多德說明人類可以認識宇宙間所有的原理原則，也就是宇宙間所有的形式。比如甲等於甲這個「同一律」，或甲不能等於非甲這「矛盾律」，或甲不可能同時等於甲又等於非甲的「排中律」，或全體大於部份……這些原理原則的創立，是絕對的，不能夠改變的。可是當我們觀察宇宙，利用物理學的原理原則之時，因爲在形式裏面加上了內容，對內容的考察就不能是絕對的，它可能有一些例外。當透過物理學或現象的觀察，走上事物的本體的時候，又回到形式的體認裏面。譬如二加二等於四，全體等於各部份的總和……，這些原理原則的成立，形成「第一哲學」或「神學」最主要的原理原則。

邏輯或知識論是亞里士多德的知識起點，他提出思想的方法，得出眞、假、對、錯的準則。在感官思想的內容方面，特別討論了物理學，以世界上所有的物體的質和能的觀察，解釋如何有運動變化的問題。在形上學方面，更進一步，問起了世界和人生「爲什麼」的問題，這才是眞正的哲學的「體」，因爲哲學並非停留在自然科學中「如何」的解釋，而是問到「爲什麼」的解釋，這種解釋得透過現象背後的「本體」才能夠獲得的。如此從知識論到形上學，中間經過對物理的觀察所得出的，就是我們對宇宙、人生所得出的原理原則。

從邏輯學到物理學，觀察這個世界「如何」的問題，到了形上學，問人「爲什麼」生存在這個世界上？世界「爲什麼」存在？存在本身「爲什麼」存在？在這些問題上面，亞里士多德奠定了它形上學的基礎，也就是奠定了宇宙論和人生哲學最終的原理原則。

在形上學的討論裏，在後面另闢一節「宇宙論」，要回顧整個的宇宙是怎麼一回事，能否還原到從物理學的考察裏所得出的宇宙生成變化的東西，看看宇宙究竟爲什麼要存在。在「宇宙論」後面還要特別討論人性，也就是亞里士多德所界定的「哲學」是討論宇宙和人生最終的問題。問宇宙爲什麼存在？人爲什麼生存在宇宙之間？成爲他形上學最終的問題，也就是把具體和抽象聯起來的問題。在「人性論」討論之後，就是「倫理學」，人爲什麼所遵循的法則和物理的法則不同？人爲萬物之靈，他可以自己選擇自己，不但只是知道眞、假、對、錯，同時可以分辨是、非、善、惡。又能夠躬身力行、擇善避善，完成自己的人格或人性。最後要完成自己的人性，必然到了一種存在的特殊境界，也就是藝術的境界。

在知識論裏，討論眞、假、對、錯；倫理學中討論是、非、善、惡；在藝術哲學中，超越了一切眞、假、對、錯和是、非、善、惡的問題，進入美與醜的分野，進入眞、善、美的境界。這個境界，亞里士多德把他的神明、宗教、藝術、倫理道德完全綜合爲一，成爲一個完美的綜合人性。

第六節 宇宙論

亞里士多德綜合了所有前人的自然科學的成果，撰寫了他的自然科學的著作，這些自然科學的著作所提起的東西，當然屬於物理哲學的部份，是討論運動變化；希望透過運動變化的現象，找尋運動變化的本體，也就是要解決宇宙爲什麼有運動變化，爲什麼有生滅現象。爲了解釋運動變化的情形，在他整個的形上學著作裏，是以現實和潛能、形式和質料去解決運動變化之所以然的問題。在宇宙論裏，我們回過頭來看「如何」的問題。

亞里士多德把運動分爲三種，第一種是空間的運動，也就是方位的變動。譬如一張桌子從這個房間搬到另一個房間，這種空間的運動是運動變化最簡單的比方。

第二種屬於質的變化。質的變化比較難解，比如亞那薩哥拉斯質詢德謨克利圖斯的問題：不是頭髮的怎麼變成頭髮？不是肉的怎麼變成肉？這種質的變化使得整個世界有生滅的現象。

第三種是量的變化。一個小孩慢慢地長大，瘦的人慢慢地吃胖，這些都是屬於量的變化，他的量改變了，但是質並沒有改變。

這三種變化，如果以當代的名詞做解釋的話，第一種叫「運動」，第二種是「化學變化」，第三種是「物理變化」。在亞里士多德的心目中，世界上所有的變化，不外乎這三種。爲什麼會變化的問題，亞里士多德利用了現實和潛能，形式和質料的配合來解釋整個的宇宙，是屬於目的性的，它不只是一個機械的運動變化而已。所謂的目的性，是因爲亞里士多德在研究人文世界，發現人文世界的產品，必須有四因——質料因、形式因，形成因和目的因。而目的因決定其它的三個因。

現在的問題是如何從人文世界的觀察，跳到自然世界的結論？我們現在的問題是：如果一張桌子需要一個目的因去支持它的存在，那麼整個的宇宙加上這張桌子，是否也需要一個目的因？我們如果使問題更清楚，就可以這麼說，一張桌子如果需要某人去製造它，現在的問題是桌子和人是否也有誰去製作？以亞里士多德的哲學看法，這個問題是十分合理的。如果一張桌子的結構如此簡單，都需要有智慧的人去設計，那麼提到人能夠創造桌子的這種奇妙的結合的事實，是否需要有更大的智慧去支持它們？

所以在亞里士多德形上學走上宇宙論的時候，他一定認為整個的宇宙是屬於目的性的一種運動和變化。在人文世界裏的一張桌子以單獨的方式去觀察的時候，認為它具有四因；那麼整個宇宙的生成變化，以整體而言之，連這張桌子在內，也是屬於目的性的運動和變化。這些在哲學裏面所考察的目的性的運動變化，這種運動變化的情形如何在物理學上作解釋呢？亞里士多德提出宇宙原質的問題。討論宇宙的問題，在亞里士多德以前，甚至在蘇格拉底以前，有兩種派系，一種是討論宇宙的太初，一種是討論宇宙的原質。討論太初的認為在宇宙開始時應該是那一種狀態，應該有那一種的精神力量在支持。討論宇宙的原質，認為沒有一種外在的原因，而是內在的機械變化。

亞里士多德綜合了這兩派的學說，認為宇宙的原質不外乎四個元素，就是水、火、氣、土。可是這四個元素構造宇宙，最主要的，並非指它們自己有機械性的變化，而是它們之間還有「以太」Äther。亞里士多德認為「以太」是人的精神體，是腦構成的一個元素。以太是精神體，使得水、火、氣、土四元素得以合、分，構成整個的宇宙，使得整個的宇宙有方位的移動、化學變化和物理變化等現象的發生。

有了以太當做填塞空間的東西，尤其是有了以太，使得這四個元素構成人的精神體。於是整個的世界因此而分成很多的等級，這些等級也就是從物質跳到生命，意識和精神。這四個層次在亞里士多德的分野而言，物質如石頭、泥土、沙土……，生命如所有植物；意識如所有的禽獸狗、貓等；有精神體的只是人類。這四個階層的分野是亞里士多德觀察宇宙，爲了解釋宇宙是如何生成的答案。

很顯然地，亞里士多德這四個階層的分野是合一的。因爲一塊石頭不會生長，它除了空間的運動以外，沒有別的能力。植物除了量的變化之外，還有質的變化；因爲它有生命，它能夠吸收自己以外的東西，轉變爲自己；但是植物終究受限於環境，木瓜樹生長在樹林內，僅能自生自滅，受制於「適者生存，不適者滅亡」的原理原則；它競爭不過其它的荆棘或樹，它吸收不到水分，呼吸不到陽光，只有滅亡一途。到了意識的階層，如動物、狗就不一樣，外頭下雨它會躲進屋裏避雨，它會選擇環境。可是它也只是選擇環境而已，如果沒有好的環境，仍然無法生存。到了精神的層次就更不相同了，它不但可以適應環境，選擇環境，而且能夠創造環境。外面下雨，可以蓋房子；沒有東西吃，可以發明農業、畜養家禽，屯積糧食。這四種階層的分野，在亞里士多德而言，是很清楚的，有事實根據的。

在這宇宙四個層次的分野裏，亞里士多德至少跟著他的老師柏拉圖，把物質和生命兩個層次分得很清楚。他認爲蘇格拉底以前的學者，他們在討論宇宙原質問題的時候，沒有注意到有這麼兩種完全不同的東西存在。物質的東西屬於死物，柏拉圖已經發現在物質間存在的定律是，全體等於各部份的總和。但是在生命體以上的東西，如在植物、動物和人身上，全體就不是等於各部份的總和，而是全體大於各部份的總和。

這是由於柏拉圖解剖青鞋得到的結論，柏拉圖把一張桌子拆開來，然後再湊回去仍是一張桌子，因此在物質中，全體等於各部份的總和；但是在解剖一隻青鞋的時候，把支離破碎的肢體再湊回去已經不是一隻青鞋。如此兩種存在的階層就有所不同，不同的地方在於全體與部份之間的關係。到了亞里士多德則更進一步，他發現在整個的物質世界裏，也就是在所有死物的世界，部份是先於全體。在人文世界裏的所有人文的產品，都是「先有部份，後有全體」，部份先做好了，然後再由部份去湊合成爲全體。比如先做桌子的桌面，脚和抽屜，然後再湊成一張桌子。但是在生命以上的階層就不是這個原理。

因爲生命以上的階層裏，都是從「全體先於部份」的原理原則產生出來的。世界上沒有任何一個生命體，是先有部份，然後再構成全體的。相反地，都是有生命的種子，由全體慢慢地發展出其它的部份，如一粒豆子，是一個全體，由它發芽、吐葉、開花、結果，生長出其它所有的部份。如此亞里士多德認爲的宇宙是屬於一個目的觀的宇宙，不是機械的變化。如果是機械的變化，應該先有部份，後有全體。而目的性是全體吸收它所需要的，產生出其它的部份。故生命體不是部份構成全體，而是全體產生部份，物質的部份是合成，因爲部份先有。

所以綜合了柏拉圖和亞里士多德的發明，亞里士多德更有理由相信他的宇宙觀是屬於目的性的，而不是機械的變化。在這種目的觀成立以後，也就在他說明所有運動變化的形態以及運動變化所保有的這四個層次以後，他討論了時間和空間的問題。

什麼是時間？時間本身是不存在的，猶如空間一樣，它本身是不存在的。所謂的時間，是一種必然有的存在，這個存在的東西，剛才存在，現在存在，等一下還要存在，就構成時間的延續。所謂的空間，是一個東西佔有一個空間，它的前後左右上下就是它的空間；不然就是兩種存在之間的距離就是空間。如此時間和空間，只是相對的，只是附屬於存在，它們本身是不存在的。所有的運動變化，都是由於時間和空間給予它們活動的餘地；時空加上以太，加上所有的存在物，就是亞里士多德的宇宙，而這個宇宙不是零星的、瑣碎的、機械性的活動，它是具有目的性的變化，是一個整體。

第七節　人性論

亞里士多德既然在宇宙論裏面，認爲存在有四個不同的層次，從物質、生命、意識到精神。在最高的層次精神裏面，是人的存在。也就因爲他在形上學裏，認爲整個的宇宙是有目的性的宇宙，這種宇宙在人文世界中，完全由人去決定，在整個的宇宙裏面是由神去決定。提到人的問題，亞里士多德不像他的老師柏拉圖一樣：把人的靈魂和肉體看成絕對的二元，而肉體是靈魂的墳墓。相反地，亞氏認爲靈魂和肉體是合一的，是相輔相成的。提到人，一定得同時提他的靈魂和他的肉體。

當然在亞里士多德的學說裏，靈魂才是人的形式，肉體只不過是質料。所以還是有重視靈魂、輕視肉體的感覺。因爲重視靈魂，在人性論中他就特別提到靈魂；認爲靈魂在整個的宇宙中，有三種不同的作用：

1.「生魂」：生魂負責所有的植物、有生命的東西，負責每一種存在的整體性，負責使得每一種存在的整體先於部份，並且全體大於各部份的總和。

2.「覺魂」：「生魂」之上有「覺魂」。有感覺，這種感覺使得每一個動物能夠選擇自己的環境，它會感覺冷暖，水分、陽光是否足夠，發展自己的能力，爭取生命所需要的東西。

3.「靈魂」：「覺魂」的上面有「靈魂」。也就是人的靈魂，包括了三種作用：會生、會感覺、會思想。因爲人有靈魂，所以人爲萬物之靈，能夠生長、知覺、思想和推理，能夠接受教育或教導他人；以自己生活的體驗去改善生活，甚至可以以自己對事物的價值批判，界定自己的人生觀、追求自己人生的目的。

亞里士多德認爲人是理性的、政治的動物，他有合羣的天性，他能夠知道自己行爲的目的，可以爲自己選擇目的，可以追求幸福，同時自己可以爲自己創造幸福。可是如何能夠得到幸福呢？這個問題在古希臘或在其它古老的民族裏，都一致地認爲必須經過人類自己的修心養性，克制自己的欲望，發展自己向善的心靈，這也是後來亞里士多德發展宗教和藝術的基礎。

靈魂既然有三種作用：生長、感覺和思想；那麼人在亞里士多德的學說中，不但有認識的作用，而且有創造的作用，有創造的能力，能夠追求幸福，能夠爲自己創造幸福。可是亞里士多德畢竟還是主張理性的大思想家，他認爲所謂的善惡，人必須先分辨善、惡，然後才能擇善避惡。如果人能夠按照自己的理知行事，能夠擇善避善，他就是幸福的，他的生命就有價值。所以從這個理性爲中心的思考出發，構成了亞里士多德對西方後世最有貢獻的倫理學。所謂的善，是人知道它是善的，又去實行。如此理知能夠認知眞、假、對、錯和是、非、善、惡，意志去行善避惡。

因爲要討論人的倫理問題，倫理要人對自己的行爲負責，所以亞里士多德不得不先假設人有自由意志。所謂自由意志，是指他能夠做又能夠不做；他如果做的話，他可以這麼做，也可以那樣做；甚至他可以做這件事情，也可以做那件事情。提到倫理行爲的時候，亞里士多德認爲人有自由意志，是指我們在做每一樣事情的時候，自己能夠自覺到能夠做也能夠不做；能夠做這樣，也能夠做那樣。如此自由行爲是「自知」加上「自願」，自知和自願構成人的倫理行爲，人的倫理行爲推廣到家庭、國家、社會的時候，就成爲整個國家社會的組織，這種組織是由個人的倫理道德和個人的自由意志所推廣的。

這種國家、社會起源的哲學性的提出，亞里士多德可以算是西方的第一位。因爲他提到人的尊嚴和價值在於他有靈魂，所以他總是認爲人和人之間都是平等的，也就是他在他的一生裏，解放奴隸的最主要原因。每一個人天生來就具有同等價值、同等尊嚴的靈魂，所以亞里士多德反對柏拉圖在「理想國」裏的許多措施，如共妻和優生學等；亞里士多德認爲每一個人都有資格和權利生存，有資格結婚，有權利組織家庭，有權利參與社會或國家的政治。

亞里士多德的政治學，在內政或外交方面，都是主張以德化人，不主張用強權。認爲強權違反人的自由意志和人的尊嚴。在這方面，亞里士多德用他的倫理學做基礎；並且用人性論做基礎，發展他的政治哲學。

至於政治制度，亞里士多德分成很多種類，有君主政體 Monarchie，貴族政體 Aristokratie，平民政體 Politie，專制政體 Tyrannie，寡頭政治 Oligarchie，民主政體 Demokratie 等。每一種政體又有許多種不同的型態。在這些政體之中，亞里士多德主張貴族的政體，因爲貴族政體中採取中庸之道，不偏向富人，也不偏向窮人，不偏重貴族，也不偏重平民。

在亞里士多德對人的定義裏，可以看出他對政治生活、團體生活的重視。他說：「人是政治的動物」。他提出一百五十八種的國家政體，在所有的國家政體中，特別重視貴族政體。指貴族是人，不只是在知識方面，而且在倫理道德方面都是出人頭地，他不只是擁有精神的財富，也擁有世界的財富。

第八節 藝術生活

亞里士多德除了人類相互之間共同的生活以外，對自己倫理道德、宗教、藝術的生活也非常重視。關於他的藝術和宗教生活另闢下列二節加以探究。

亞里士多德在藝術生活方面，給後世尤其是西方，奠定了美學、藝術的基礎。他認爲靈魂除了理性的生活之外，還有情感，需要愛與被愛的生活，需要找一個愛的對象。這個對象並非由於知識論中眞假對錯的關係，也不是倫理學中是非善惡的關係，而是由於生活的境界。亞里士多德希望自己整個的人性，生活在整個的生活境界裏。

亞里士多德在人的政治生活中，指出人有合羣的天性，也就是人互相幫忙，互相補足的天性。在藝術的生活中，提出人有模仿的天性。在模仿的天性後面，還加上了創造的天性。亞氏認爲人性之於自然，初步是模仿，到了成熟的境界，則是創造。模仿自然，消化了自然，然後把精神灌注到一種作品裏面，就成爲一種藝術品。所以亞里士多德關於藝術的看法，不是模仿、影印自然，而是消化了自然；也就是透過對自然世界的觀察以後得出來的精華，人性就生活在這種精華裏。

等於欣賞一池蓮花的時候，我們所注意的是它的成果——蓮花，不是研究自然科學的方式，也不是農業研究的方式，說明蓮花之如何生長；研究蓮花，不是研究它的泥土、荷葉……。主要的是以它的成果做爲欣賞的對象欣賞它出汚泥而不染的氣節，如此藝術的對象不是具體的，而是精神的、抽象的。透過現象後面的本體，找到中心的部份，這部份和我們的精神體是聯起來的。也就是說它能夠滿足我們的心靈，使我們的精神有最高的享受。至少在亞里士多德看來，能夠使我們解脫塵世間的俗物，至少在欣賞藝術品的時候，我們的心靈是走上了一種境界，塵世間的是非對錯，眞假善惡，功名利祿已無所謂了，到達眞善美的境界裏。

從藝術哲學發展下去的是亞里士多德的演說術。演說術也是藝術的一種，由於我們精神的創造，或詩歌或文體，使得精神也有一種享受。在這方面，亞里士多德是人生哲學的始祖，他給後世指出了一條精神生活之路。

第九節 宗教哲學

亞里士多德除了藝術生活，除了在塵世間，人的精神生活可以提昇到超越所有的眞假是非之上，還有一種宗敎生活。最主要的理由是討論人在這個世界上，如何看透來世的問題。

亞里士多德的老師柏拉圖，因爲相信輪廻的學說，所以把人的靈魂安置在觀念界中，在人死了以後「靈魂還是要回到觀念界去」；他講了他的宗敎觀，提到人在塵世間，如何以畢達哥拉斯的方式修身，然後人的靈魂能夠超脫肉體的束縛。亞里士多德的宗敎哲學，主要的要用他的理性指出神明的存在，指出神明的性質；再次指出我們的人性如何和神性聯合起來，如何能夠從人性的地步超越到神性的境界。

他提到神明，最主要的是神存在的論證，以及神明性質的闡明。關於神存在的論證，亞里士多德和他的形上學並行的一條路線，是用運動變化做爲他思想的起點。他認爲一種運動，如果不是自動，就是他動。可是如果是他動的話，一直推論下去，在許多他動後面，必然可以找到一個自動。如果所有的運動最後都可以追溯到最後的自動，這個完全自動而用不到其它的推動的存在，就是所謂的「神明」。

可是這種運動的論證，亞里士多德本身就看到它有兩個難題：一個是他動的東西，可以無限地推演下去，認爲什麼東西都是他動，也就是說沒有第一個原動者。第二個難題是循環式的運動。

亞里士多德針對第一個難題，把整個的運動秩序分爲三段：現在我們看見的世界上的運動變化，當做是一種成果，而它是被動的，被推動的這個被動的東西，自己是被動同時又推動他人。這個系列不管它多麼長，都是屬於又自動又被動的東西。最後的階段完全是自動的，它可以推動別的東西，自己不再被動。無限系列的運動的東西，最主要的是否定第一個原動者，亞氏以爲，否定了第一個原動者，很顯然地就沒有中間的階段——又自動又被動；如果沒有中間的系列，也就沒有現在的運動。

所以說，如果現在已經有了運動，必然有前面的第一原動不動者。

關於第二個難題，循環的運動，亞里士多德提出並非在循環的系列中，去找第一個原動不動者。而是站在整個的循環系列之外，問這整個系列的運動是自動還是被動？如果它是自動的，那就是「神明」，如果是被動的，那麼是被什麼東西推動呢？最後還是要如此結論：世界上所有的運動，最後還是要找到一個自己本身不動，但是又會推動別的東西的「第一原動不動者」。

亞里士多德用這種運動的論證，證明神明的存在，或純精神的存在。除了運動的證明以外，他又用了因果的證明。

因果證明亦復如此，亞里士多德認爲現在世界上的東西是成果，這些成果需要原因去製造或推動它。我們要探究這個原因本身是成果，或者是完全的原因。如果是完全的原因，不需要另外的原因去創造的話，那它就是「神明」本身。如果它需要別的東西去創造的話，同樣地可以推演下去，一直追溯到第一個原因，不再是成果的原因。那麼無限系列的原因，或循環回歸的因果關係，同樣地成爲兩個難題，亞里士多德仍然以上面的方式把這兩個難題解開了。

在證明了神的存在以後，亞里士多德提出神的性質。在論證裏面，我們用消極的方式，知道神明的存在是屬於第一原動不動者或第一個不再是成果的原因。可是亞里士多德還是提出積極方面的性質：神本身應該是純形式、純現實，神本身就是存在、精神、生命。如果整個世界是個果，神是因的話；世界上最高的存在應該是精神，那麼當做是精神的原因，也就必須是一個精神體。如果世界上有生命，神本身應該就是生命本身。同時世界上所有的東西，都分受了存在，神本身自己就是存在本身。

因此從這些論證和這些本質的發展，使得後來西洋中世哲學的精神，有了根本的基礎。也就是說希伯來宗教的至上神的信仰，幾乎可以用亞里士多德的論證，去證明上帝的存在。

事實上，西洋哲學最輝煌的時代是十三世紀；因爲在這個世紀中，社會上出現了各種有名的大學，教會中產生了許多修會。大學有體系地研究宇宙和人生，發展了人性的能力；修會以絕財、絕色、絕意的德行，使人性把握住本身的極限，走向「信仰」的宗教境界；尤其宗教中的神秘主義，帶領人類走向宇宙和人生的大統一。而十三世紀的西洋哲學，都是以亞里士多德哲學爲中心所發展出來的。西洋中世哲學的高峯，都是在形上學上，環繞着亞里士多德的「存在本身」，而發展出來的宗教哲學。

第六章　逍遙學派（Peripatos, Peripatetikos）

亞里士多德死後，其弟子繼承了老師的衣缽，不但在哲學問題的內容探討上，學習着亞氏的哲學，甚至做學問的方法，也模仿着亞氏。原來，亞里士多德講學的方式，多爲「走來走去」講論問題；也就是說，並不採取嚴格的師生分立式，而是在學生羣中「走來走去」。這種教學方式，後來就用爲「學派」的命名。也正如「司多噶學派」始源於「走廊」，因而稱爲「走廊學派」一般。亞里士多德弟子也就由於做學問的形式因而得名，被稱爲「逍遙學派」。

逍遙學派的學者無論在時間上或是學說的區分上，都顯然的分成兩派：一派是直接繼承亞氏死後，仍然留在學院中，繼續亞氏對哲學探討的興趣。另一派則是在紀元前一世紀左右，對亞氏學說重新提出興趣，而以其學說影響羅馬帝國的一些學者所組成。

現請就分節來論述這二派的思想體系：

第一節　老逍遙學派

亞里士多德死後（紀元前三二二年），學院主事由德奧弗拉杜斯（Theophrastus Lesbos ca. 372-287 B.C.）繼任。德氏特別着重亞氏形上學的探討，著作甚多，教學有三十五年之久。但是，其形上學的意見並非柏拉圖式的彼岸，而是從感官世界抽象出來的共相；形而上不在物質世界之外，而是在感官世界之內。

德氏繼承人是斯特拉陀（Straton Lampsakos, 287-209 B.C.），斯氏一反德氏學術途徑，不再對形而上事物有興趣，而轉而研究物理世界；在他十九年講學生涯中，對其師亞里士多德形質說有特別的註釋，以爲純形式並非超越的東西，而是內存於質料之內；因而宇宙萬物，其實都充滿神明；萬物本質就富於神性，可說由物理的研究，直透神學的研究，徹底修正了希臘哲學的絕對二元學說。

在斯氏去世之後，學院中絕大部份學者，都放棄了亞里士多德的形而上探討，以及形而下的物理討論，而轉向倫理學說的興趣，論及幸福生活的本質，尤其注重度幸福生活的條件。

這種從默觀以及思考的注重走向實踐的路子，原是從希臘過渡到羅馬的哲學變遷，這變遷就造成了希臘主義哲學在羅馬帝國的大潮流。後來的司多噶學派，以及伊彼吉羅斯學派，就是從希臘脫胎出來的哲學派系。

在老逍遙學派諸思想家中，尙有歐德謨斯（Eudemos Rhode, ca. 330-? B.C.）曾嘗試編纂亞里士多德遺著，並加以註釋；但其自身興趣則在於天文、數學之研究。

此外尙有亞里士屯（Ariston Keos），李康（Lykon Troas）等人。

第二節　新逍遙學派

在老逍遙學派以倫理道德的問題爲中心，註釋了亞里士多德學說二個多世紀之後，由安德羅尼可斯（Andronikos Rhodos, ca. 60 B.C.）整理亞里士多德的全部著作之後，有了新的發展方向，許多學者都先後註釋亞氏著作，無論對天文地理，形上學或物理學，倫理或藝術哲學，都有特殊的見解，這情形一直發展到公元二世紀。

註釋亞氏作　最有名的，有亞歷山大（Alexandros Aphrodisias），亞氏爲公元二、三世紀時人，其註解後來由阿拉伯人出版，卽爲亞氏全部著作的「雅典版」，出書於一四九五年。亞氏着重的哲學問題爲「自然」，以爲人性可以由自然科學的啓發而超度到形而上的階層。因而，在新逍遙學派中，出現了不少的自然科學家，像地理學家普陀萊米（Ptolemy），以及名醫賈倫（Galen）等人。

第三節　逍遙學派的影響

自新逍遙學派整理並註釋了亞里士多德著作之後，亞氏學說就在西洋文化體系中生了根，其哲學方法從知識論到形上學，再從形上學到倫理學的道途，就成爲西洋治學者的方法。

九世紀時，阿拉伯哲學興起，採用亞里士多德學說方法並內容，爲治學的根本方法與內容，及至阿拉伯商人到西班牙通商，而將亞氏之阿拉伯譯文帶往歐洲學術中心；三百年後，促使西方中世哲學的高潮。其中最有貢獻的，當推阿文齊那（Avicenna 原名 Ibn Sina, 980-1037 A.D.）以及阿偉羅埃（Averroes, 原名 Ibn Roschd, 1126-1198 A.D.），他們以編百科全書的方式，整理了亞里士多德的著作，尤其指出了思想與存在的關係，發展了中世哲學中心問題的「共相之爭」。關於這點，在「中世哲學趣談」中另有章節討論。

中世哲學大師多瑪斯（Thomas Aquinas, 1224-1274 A.D.）運用了亞里士多德學說，作爲士林哲學全盛期的思想中心之後，亞氏思想就在基督宗教哲學中生了根；及至多瑪斯被天主教奉爲聖師，亞氏思想就成爲宗教哲學的基礎，至今仍然非常興盛。

後語

在探討了希臘思想之後，我們很容易覺察出，西洋哲學的本錢，是人性追求眞、善、美的衝動；而這種衝動之所以能導向正軌，則是由於人性生來的能力：理知和意志；人類生存在世上，就是因爲會用理知和意志，去理解眞、假、對、錯；去擇善避惡。這種理解和選擇的對象，一方面是宇宙，另一方面是人生。宇宙存在的原理原則，以及人生的原理原則，都可以透過學問的「知識論」，對「形而上」事物的把握，而奠定人生在此世的人生觀。

憑了人性自己創造出來的「人生觀」，人類生在宇宙中，就能安身立命，頂天立地。因爲人生要自己安身立命在世界上，就得憑自己的天份，去認識宇宙，去認識人生；不但去認識，而且在認識之後，還要去實行；於是，哲學就分成理論和實踐兩大部份。

人性的完成，也就因爲他能認識自己，又會實踐自己的決意。

在以「知」爲中心的希臘哲學中，宇宙的探討是初階，人性的把握才是目的；理論的探討是手段，具體的實踐才是哲學的終站；對人生現狀的認知是過程，超度到的人性完成，才是哲學的目的。

希臘哲學給西洋後世，指出了做學問的方法，同時，無形中提供給後世人生的內容；這方法就是從知識論走向形上學，再從形上學走向人生哲學；這內容就是知物、知人、知天；而在對物、人、天的認知中，仍然以「人」爲中心，使其能透過哲學的探究，能夠格物、愛人、敬天。

向以「人本主義」爲中心的希臘哲學，其發展的根本固在「知人」以及「完人」；但是，決不停留在「人」的現實層面，而是走出了「人」的範圍，走向「物」理的把握，而終究發展了高度的自然科學系統；同時又走向「神」學的探究，發展了高深的神學理論，以及嚴密的制度宗教。

希臘哲學實爲西洋「科學」以及「宗教」發展的先聲。今天我們要發展西洋科技也好，要認識宗教也好，都不能對希臘哲學一無所知。本小書的寫成，也就是提供國人作入門的參考：給主張西化的人指出，科技固然重要，但是若不在人性的精神生活上紮根，不但無益於人類，而且會造成人性的浩劫。它同時給保守的人士指出，精神生活的條件，有時也對靠物理的體認，才能眞正建立起健全的價值體系。

希臘哲學所能給我們的提示，也就在於這種「人生觀」的確立方法，以及「知物、知人、知天」的哲學方向。

向未來交卷	葉海煙 著
不拿耳朶當眼睛	王讚源 著
古厝懷思	張文貫 著
關心茶——中國哲學的心	吳怡 著
放眼天下	陳新雄 著
生活健康	卜鍾元 著
美術類	
樂圃長春	黃友棣 著
樂苑春回	黃友棣 著
樂風泱泱	黃友棣 著
談音論樂	林聲翕 著
戲劇編寫法	方寸 著
戲劇藝術之發展及其原理	趙如琳譯著
與當代藝術家的對話	葉維廉 著
藝術的興味	吳道文 著
根源之美	莊申 著
中國扇史	莊申 著
立體造型基本設計	張長傑 著
工藝材料	李鈞棫 著
裝飾工藝	張長傑 著
人體工學與安全	劉其偉 著
現代工藝概論	張長傑 著
色彩基礎	何耀宗 著
都市計畫概論	王紀鯤 著
建築基本畫	陳榮美、楊麗黛 著
建築鋼屋架結構設計	王萬雄 著
室內環境設計	李琬琬 著
雕塑技法	何恆雄 著
生命的倒影	侯淑姿 著
文物之美——與專業攝影技術	林傑人 著

滄海叢刊書目

現代藝術哲學	孫旗譯
現代美學及其他	趙天儀著
中國現代化的哲學省思	成中英著
不以規矩不能成方圓	劉君燦著
恕道與大同	張起鈞著
現代存在思想家	項退結著
中國思想通俗講話	錢穆著
中國哲學史話	吳怡、張起鈞著
中國百位哲學家	黎建球著
中國人的路	項退結著
中國哲學之路	項退結著
中國人性論	臺大哲學系主編
中國管理哲學	曾仕強著
孔子學說探微	林義正著
心學的現代詮釋	姜允明著
中庸誠的哲學	吳怡著
中庸形上思想	高柏園著
儒學的常與變	蔡仁厚著
智慧的老子	張起鈞著
老子的哲學	王邦雄著
逍遙的莊子	吳怡著
莊子新注（內篇）	陳冠學著
莊子的生命哲學	葉海煙著
墨家的哲學方法	鐘友聯著
韓非子析論	謝雲飛著
韓非子的哲學	王邦雄著
法家哲學	姚蒸民著
中國法家哲學	王讚源著
二程學管見	張永儁著
王陽明——中國十六世紀的唯心主義哲學家	張君勱原著、江日新中譯
王船山人性史哲學之研究	林安梧著
西洋百位哲學家	鄔昆如著
西洋哲學十二講	鄔昆如著
希臘哲學趣談	鄔昆如著
近代哲學趣談	鄔昆如著
現代哲學述評㈠	傅佩榮編譯

當代西方哲學與方法論　臺大哲學系主編
人性尊嚴的存在背景　項退結編著
理解的命運　殷鼎著
馬克斯・謝勒三論　阿弗德・休慈原著、江日新譯
懷海德哲學　楊士毅著
洛克悟性哲學　蔡信安著
伽利略・波柏・科學說明　林正弘著
宗教類
天人之際　李杏邨著
佛學研究　周中一著
佛學思想新論　楊惠南著
現代佛學原理　鄭金德著
絕對與圓融——佛教思想論集　霍韜晦著
佛學研究指南　關世謙譯
當代學人談佛教　楊惠南編著
從傳統到現代——佛教倫理與現代社會　傅偉勳主編
簡明佛學概論　于凌波著
圓滿生命的實現（布施波羅密）　陳柏達著
薝蔔林・外集　陳慧劍著
維摩詰經今譯　陳慧劍譯註
龍樹與中觀哲學　楊惠南著
公案禪語　吳怡著
禪學講話　芝峯法師譯
禪骨詩心集　巴壺天著
中國禪宗史　關世謙著
魏晉南北朝時期的道教　湯一介著
社會科學類
憲法論叢　鄭彥棻著
憲法論衡　荊知仁著
國家論　薩孟武譯
中國歷代政治得失　錢穆著
先秦政治思想史　梁啟超原著、賈馥茗標點
當代中國與民主　周陽山著
釣魚政治學　鄭赤琰著
政治與文化　吳俊才著
中國現代軍事史　劉馥著、梅寅生譯
世界局勢與中國文化　錢穆著

中華文化十二講	錢　　穆　著
民族與文化	錢　　穆　著
楚文化研究	文　崇　一　著
中國古文化	文　崇　一　著
社會、文化和知識分子	葉　啟　政　著
儒學傳統與文化創新	黃　俊　傑　著
歷史轉捩點上的反思	韋　政　通　著
中國人的價值觀	文　崇　一　著
紅樓夢與中國舊家庭	薩　孟　武　著
社會學與中國研究	蔡　文　輝　著
比較社會學	蔡　文　輝　著
我國社會的變遷與發展	朱　岑　樓主編
三十年來我國人文社會科學之回顧與展望	賴　澤　涵　編
社會學的滋味	蕭　新　煌　著
臺灣的社區權力結構	文　崇　一　著
臺灣居民的休閒生活	文　崇　一　著
臺灣的工業化與社會變遷	文　崇　一　著
臺灣社會的變遷與秩序(政治篇)(社會文化篇)	文　崇　一　著
臺灣的社會發展	席　汝　楫　著
透視大陸	政治大學新聞研究所主編
海峽兩岸社會之比較	蔡　文　輝　著
印度文化十八篇	糜　文　開　著
美國的公民教育	陳　光　輝　譯
美國社會與美國華僑	蔡　文　輝　著
文化與教育	錢　　穆　著
開放社會的教育	葉　學　志　著
經營力的時代	青野豐作著、白龍芽　譯
大眾傳播的挑戰	石　永　貴　著
傳播研究補白	彭　家　發　著
「時代」的經驗	汪琪、彭家發　著
書法心理學	高　尚　仁　著
史地類	
古史地理論叢	錢　　穆　著
歷史與文化論叢	錢　　穆　著
中國史學發微	錢　　穆　著
中國歷史研究法	錢　　穆　著
中國歷史精神	錢　　穆　著

國史新論	錢穆著
秦漢史	錢穆著
秦漢史論稿	邢義田著
與西方史家論中國史學	杜維運著
中西古代史學比較	杜維運著
中國人的故事	夏雨人著
明朝酒文化	王春瑜著
共產國際與中國革命	郭恒鈺著
抗日戰史論集	劉鳳翰著
盧溝橋事變	李雲漢著
老臺灣	陳冠學著
臺灣史與臺灣人	王曉波著
變調的馬賽曲	蔡百銓譯
黃帝	錢穆著
孔子傳	錢穆著
唐玄奘三藏傳史彙編	釋光中編
一顆永不殞落的巨星	釋光中著
當代佛門人物	陳慧劍編著
弘一大師傳	陳慧劍著
杜魚庵學佛荒史	陳慧劍著
蘇曼殊大師新傳	劉心皇著
近代中國人物漫譚·續集	王覺源著
魯迅這個人	劉心皇著
三十年代作家論·續集	姜穆著
沈從文傳	凌宇著
當代臺灣作家論	何欣著
師友風義	鄭彥棻著
見賢集	鄭彥棻著
懷聖集	鄭彥棻著
我是依然苦鬥人	毛振翔著
八十憶雙親、師友雜憶（合刊）	錢穆著
新亞遺鐸	錢穆著
困勉強狷八十年	陶百川著
我的創造·倡建與服務	陳立夫著
我生之旅	方治著
語文類	
中國文字學	潘重規著

中國聲韻學	潘重規、陳紹棠 著
訓詁通論	吳孟復 著
翻譯新語	黃文範 著
詩經研讀指導	裴普賢 著
陶淵明評論	李辰冬 著
鍾嶸詩歌美學	羅立乾 著
杜甫作品繫年	李辰冬 著
杜詩品評	楊慧傑 著
詩中的李白	楊慧傑 著
司空圖新論	王潤華 著
詩情與幽境——唐代文人的園林生活	侯迺慧 著
唐宋詩詞選——詩選之部	巴壺天 編
唐宋詩詞選——詞選之部	巴壺天 編
四說論叢	羅盤 著
紅樓夢與中華文化	周汝昌 著
中國文學論叢	錢穆 著
品詩吟詩	邱燮友 著
談詩錄	方祖燊 著
情趣詩話	楊光治 著
歌鼓湘靈——楚詩詞藝術欣賞	李元洛 著
中國文學鑑賞舉隅	黃慶萱、許家鶯 著
中國文學縱橫論	黃維樑 著
蘇忍尼辛選集	劉安雲 譯
1984	GEORGE ORWELL原著、劉紹銘 譯
文學原理	趙滋蕃 著
文學欣賞的靈魂	劉述先 著
小說創作論	羅盤 著
借鏡與類比	何冠驥 著
鏡花水月	陳國球 著
文學因緣	鄭樹森 著
中西文學關係研究	王潤華 著
從比較神話到文學	古添洪、陳慧樺主編
神話即文學	陳炳良等譯
現代散文新風貌	楊昌年 著
現代散文欣賞	鄭明娳 著
世界短篇文學名著欣賞	蕭傳文 著
細讀現代小說	張素貞 著

現代詩學	蕭蕭	著
詩美學	李元洛	著
詩學析論	張春榮	著
橫看成嶺側成峯	文曉村	著
大陸文藝論衡	周玉山	著
大陸當代文學掃瞄	葉穉英	著
走出傷痕——大陸新時期小說探論	張子樟	著
兒童文學	葉詠琍	著
兒童成長與文學	葉詠琍	著
增訂江皋集	吳俊升	著
野草詞總集	韋瀚章	著
李韶歌詞集	李韶	著
石頭的研究	戴天	著
留不住的航渡	葉維廉	著
三十年詩	葉維廉	著
讀書與生活	琦君	著
城市筆記	也斯	著
歐羅巴的蘆笛	葉維廉	著
一個中國的海	葉維廉	著
尋索：藝術與人生	葉維廉	著
山外有山	李英豪	著
葫蘆・再見	鄭明娳	著
一縷新綠	柴扉	著
吳煦斌小說集	吳煦斌	著
日本歷史之旅	李希聖	著
鼓瑟集	幼柏	著
耕心散文集	耕心	著
女兵自傳	謝冰瑩	著
抗戰日記	謝冰瑩	著
給青年朋友的信(上)(下)	謝冰瑩	著
冰瑩書柬	謝冰瑩	著
我在日本	謝冰瑩	著
人生小語(一)~(四)	何秀煌	著
記憶裏有一個小窗	何秀煌	著
文學之旅	蕭傳文	著
文學邊緣	周玉山	著
種子落地	葉海煙	著

向未來交卷　葉海煙 著
不拿耳朵當眼睛　王讚源 著
古厝懷思　張文貫 著
關心茶——中國哲學的心　吳怡 著
放眼天下　陳新雄 著
生活健康　卜鍾元 著

美術類

樂圃長春　黃友棣 著
樂苑春回　黃友棣 著
樂風泱泱　黃友棣 著
談音論樂　林聲翕 著
戲劇編寫法　方寸 著
戲劇藝術之發展及其原理　趙如琳譯著
與當代藝術家的對話　葉維廉 著
藝術的興味　吳道文 著
根源之美　莊申 著
中國扇史　莊申 著
立體造型基本設計　張長傑 著
工藝材料　李鈞棫 著
裝飾工藝　張長傑 著
人體工學與安全　劉其偉 著
現代工藝概論　張長傑 著
色彩基礎　何耀宗 著
都市計畫概論　王紀鯤 著
建築基本畫　陳榮美、楊麗黛 著
建築鋼屋架結構設計　王萬雄 著
室內環境設計　李琬琬 著
雕塑技法　何恆雄 著
生命的倒影　侯淑姿 著
文物之美——與專業攝影技術　林傑人 著

現代詩學　蕭　蕭　著
詩美學　李元洛　著
詩學析論　張春榮　著
橫看成嶺側成峯　文曉村　著
大陸文藝論衡　周玉山　著
大陸當代文學掃瞄　葉穉英　著
走出傷痕——大陸新時期小說探論　張子樟　著
兒童文學　葉詠琍　著
兒童成長與文學　葉詠琍　著
增訂江皋集　吳俊升　著
野草詞總集　韋瀚章　著
李韶歌詞集　李　韶　著
石頭的研究　戴　天　著
留不住的航渡　葉維廉　著
三十年詩　葉維廉　著
讀書與生活　琦　君　著
城市筆記　也　斯　著
歐羅巴的蘆笛　葉維廉　著
一個中國的海　葉維廉　著
尋索：藝術與人生　葉維廉　著
山外有山　李英豪　著
葫蘆・再見　鄭明娳　著
一縷新綠　柴　扉　著
吳煦斌小說集　吳煦斌　著
日本歷史之旅　李希聖　著
鼓瑟集　幼　柏　著
耕心散文集　耕　心　著
女兵自傳　謝冰瑩　著
抗戰日記　謝冰瑩　著
給青年朋友的信(上)(下)　謝冰瑩　著
冰瑩書柬　謝冰瑩　著
我在日本　謝冰瑩　著
人生小語(一)～(四)　何秀煌　著
記憶裏有一個小窗　何秀煌　著
文學之旅　蕭傳文　著
文學邊緣　周玉山　著
種子落地　葉海煙　著